Mentalität und Alltag im Spätmittelalter

Mit Beiträgen von
Werner Goez, Franz Irsigler,
Juliane Kümmell, Ernst Schubert
und Heide Wunder

Herausgegeben von
Cord Meckseper und
Elisabeth Schraut

V&R

VANDENHOECK & RUPRECHT
IN GÖTTINGEN

Cord Meckseper
geboren 1934, Dr.-Ing., o. Professor am Institut für Bau- und Kunstgeschichte der Universität Hannover, Vorsitzender des Arbeitsausschusses zur Vorbereitung der Landesausstellung Niedersachsen 1985 »Stadt im Wandel. Kunst und Kultur des Bürgertums in Norddeutschland 1150–1650«.

Elisabeth Schraut
geboren 1955, M. A., Wissenschaftliche Mitarbeiterin am Braunschweigischen Landesmuseum für die Landesausstellung Niedersachsen 1985 »Stadt im Wandel. Kunst und Kultur des Bürgertums in Norddeutschland 1150–1650«.

CIP-Kurztitelaufnahme der Deutschen Bibliothek

Mentalität und Alltag im Spätmittelalter /
mit Beitr. von Werner Goez...
Hrsg. von Cord Meckseper u. Elisabeth Schraut. –
Göttingen: Vandenhoeck und Ruprecht, 1985.
(Kleine Vandenhoeck-Reihe; 1511)

ISBN 3-525-33511-3

NE: Goez, Werner [Mitverf.]; Meckseper, Cord [Hrsg.]; GT

Kleine Vandenhoeck-Reihe 1511

Schrift: 9/11 Punkt Times auf der V-I-P
Gesamtherstellung: Verlagsdruckerei E. Rieder, Schrobenhausen

Inhalt

Einleitung

Ein Grundproblem der Geschichtswissenschaft ist die Frage, warum Menschen so handeln, wie sie handeln. Seit der Aufklärung lautet die Antwort: Menschen handeln, weil sie ihre Bedürfnisse und Interessen zu befriedigen suchen; ihr Verhalten ist die Antwort auf materielle Gegebenheiten, mit denen sie sich auseinandersetzen. Offenbar stimmt dieses Modell aber nicht immer und überall. Zu verschiedenen Zeiten reagieren Menschen auf »gleiche« Phänomene unterschiedlich.[1]

Verschiedenen Ansätzen deutscher Historiker zur Lösung dieses Problems steht in Frankreich eine mentalitätsgeschichtliche Forschung gegenüber, deren Entstehung eng mit der 1929 gegründeten Zeitschrift »Annales. Economies. Sociétés. Civilisations« verbunden ist. Ihre Absicht war es, eine alle Bereiche umfassende historische Humanwissenschaft zu begründen. Grundlegend geworden ist Marc Blochs berühmtes Werk »La société féodale« (1939), in dem er diese Gesellschaft als komplexes Beziehungsgeflecht darstellt, die zusammengehalten wird von einer »athmosphère mentale«, einem besonderen geistigen Klima, das sich in kollektiven Vorstellungen von Wirklichkeit objektiviert. Für vergleichbare Sachverhalte wurden in anderen Werken u. a. die Begriffe »mentalité« oder »sensiblité collective« verwendet.

Nach dem Zweiten Weltkrieg besetzten die Vertreter dieser Richtung die wichtigsten Lehrstühle in Paris und proklamierten »la nouvelle histoire«. Bis heute verfolgen sie, so verschieden ihre Forschungsgegenstände sind, das Ziel einer »histoire totale«. Eines ist ihnen nach wie vor gemeinsam, »die Bereitschaft nämlich, sich mit Fragen auseinanderzusetzen, die eine global verstandene Sozialge-

1 Siehe Hagen Schulze, Mentalitätsgeschichte – Chancen und Grenzen eines Paradigmas der französischen Geschichtswissenschaft, in: Geschichte in Wissenschaft und Unterricht 36 (1985), S. 247–270 (dort weitere Literatur).

schichte mit sich bringt, welche die Menschen zugleich in ihren gesellschaftlichen Zusammenhängen und in ihrer Individualität, in ihren materiellen Lebensbedingungen und ideellen Werten sowie im historischen Prozeß zeigen will«.[2] Bis heute aber ist der Begriff »mentalité« offen und vieldeutig, d. h. unscharf geblieben. Er wurde nicht exakt abgegrenzt, etwa von dem der »histoire de l'imaginaire«. Michel Vovelle bezeichnete »visions du monde« (Robert Mandrou) als die beste, wenngleich weiterhin unscharfe Definition. Man kann sie übersetzen mit ›Weltbildern‹ oder mit ›Vorstellungen, die eine Gesellschaft von sich selbst besitzt‹. Gemeint ist das Feld der Meinungsklimate, der sozialen Normen und Axiome usw., also die kollektiven subjektiven Wirklichkeiten. Diese sind keine anthropologischen Konstanten, sondern unterliegen einem, wenn auch langfristigen Wandel (»longue durée«). Mit anderen Worten: Der Begriff »Mentalität« wird hier nicht verstanden als elegante Umschreibung für vorgefaßte Werturteile, wie das die umgangssprachliche Verwendung im Deutschen manchmal nahelegt.

Der Band vereinigt fünf Beiträge deutscher Historikerinnen und Historiker, die, bei unterschiedlichen Schwerpunktsetzungen, Mentalität und Alltag verschiedener gesellschaftlicher Gruppen der spätmittelalterlichen Gesellschaft beschreiben. Zwei Aufsätze sind ländlichen, drei städtischen Bevölkerungsgruppen gewidmet. Vollständigkeit oder Repräsentativität wurde nicht angestrebt; eher sollen Bevölkerungsgruppen vorgestellt werden, die lange Zeit eher im Schatten der historischen Forschung gestanden haben.

Ein solches Unterfangen stößt infolge der Quellenlage rasch an seine Grenzen. Zwar wird die Überlieferung im Spätmittelalter dichter, auch was Fragen des Alltags betrifft, dennoch sind wir oft auf verstreute Nachrichten angewiesen. Was die Mentalitäten angeht, so müssen wir auf die leisen Töne hören, auf die Mitteilungen zwischen den Zeilen achten, die Quellen »gegen den Strich« lesen, wollen wir etwas über Denkgewohnheiten und Verhaltensnormen der Menschen im Mittelalter erfahren. Die Überlieferung ist aber auch für die einzelnen Gruppen der mittelalterlichen Gesellschaft recht unterschiedlich. So sind wir über Gefühle, Gedanken und Selbsteinschätzung der gro-

2 Juliane Kümmell, Einleitung zu: Jacques Le Goff, Für ein anderes Mittelalter. Zeit, Arbeit und Kultur im Europa des 5.–15. Jahrhunderts, Frankfurt 1984, S. 8.

ßen Kaufleute in den Städten – sie mußten schon von Berufs wegen schreibkundig sein – durch ihre Tagebücher und Briefe vergleichsweise gut orientiert. Über das Selbstverständnis und das Lebensgefühl eines kleinen Betrügers oder Bettlers hingegen geben die Quellen keine Auskunft. Hier ist nur eine Annäherung an die vergangene Wirklichkeit durch den Versuch möglich, Verhalten vorsichtig als Ausdruck von Meinungen und Wünschen, Bedürfnissen und Hoffnungen zu interpretieren. Besser sind wir über die materielle Kultur vor allem der Mittel- und Oberschichten informiert. Aus Testamenten und Inventaren von Patriziern und Handwerkern erfahren wir, was einzelne Haushalte, Familien oder Personen an Mobiliar, Küchengerät, Kleidung und Schmuck, Büchern usw. besessen haben. Über die Besitztümer der fränkischen Ritter geben detailliert die Schadenslisten aus dem Bauernkrieg von 1525 Aufschluß. Schon bei den Bauern aber wird die Quellenlage wieder schwieriger, und über die Einrichtung – soweit man davon überhaupt sprechen kann – der Armen können wir kaum mehr als Mutmaßungen anstellen.

Literarische Darstellung und erfahrene Wirklichkeit stimmen nur selten überein. In der höfischen Literatur des 13. wie in der bürgerlichen Schwankdichtung des 15. Jahrhunderts ist der Bauer Inbegriff der Dummheit und Rückständigkeit; manchmal besitzt er allerdings auch die sprichwörtliche Bauernschläue. Mit den vielgestaltigen und differenzierten Lebensformen der Bauern hat dieses Stereotyp jedoch nicht viel gemein. Auf die bäuerliche Wirklichkeit kann daraus nicht geschlossen werden, eher auf Bedürfnisse und Geschmack eines höfischen oder städtischen Publikums.

Mittelalterliche Kunst und Literatur zeichnen ein sehr idealisiertes Bild des Ritters. Er wird in gefährlichen, aber ruhmträchtigen Situationen vorgeführt: im Kampf oder beim Turnier, auch beim Frauendienst. Glanzvolle gesellschaftliche Ereignisse, wie sie geschildert werden, aber können allenfalls am Hof eines reichen Fürsten stattgefunden haben; keinesfalls sind solche Beschreibungen ein Abbild eines gewöhnlichen Festes auf einer Ritterburg, geschweige denn typisch für den Alltag, das Leben am häuslichen Herd eines durchschnittlichen Ritters, dessen Lebensstil ziemlich bescheiden war.

In welchem Verhältnis aber standen Alltag und Festtag zueinander? Ein Sonn- oder Feiertag, ein Familien- oder Patronatsfest, was bedeuteten sie für einen mittleren oder kleinen Handwerker? Diese Festtage und ihre Besonderheiten – des Essens, der Kleidung und Unterhaltung

– überhöhten und bestätigten den Zusammenhalt und damit auch die Wertvorstellungen, auf denen Zusammenleben und Alltag beruhten. Daneben gab es – in Gestalt einer Wallfahrt – die Möglichkeit, aus dem Alltag herauszutreten oder – im Karneval – ihn umzukehren. Die genannten Funktionen galten für alle sozialen Gruppen des Spätmittelalters; für die Handwerker, die in dem Ständesystem der drei Ordnungen Adel – Klerus – Bauern gar nicht vorkommen, war die Bestätigung einer sozialen Identität jedoch von besonderer Bedeutung.

Das Verhalten einer Gesellschaft zu ihren Randgruppen ist kein Randproblem der historischen Erkenntnis. Im Gegenteil, gerade daran lassen sich grundlegende Einstellungen, Werte und Normen einer Gesellschaft erkennen. Es ist aufschlußreich, daß im Spätmittelalter, anders als im 16. Jahrhundert, Gauner, Dirnen und Gelichter nicht völlig aus der Gesellschaft ausgestoßen waren. Frauenhäuser waren z. B. Treffpunkte für Angehörige verschiedener sozialer Schichten. Man wußte, daß meistens Armut der Grund war für kleine Diebstähle oder Betrügereien wie auch für Prostitution und ermöglichte auch solchen Personen, Buße zu tun und in ein ehrliches und geachtetes Leben zurückzukehren. Auch die mittelalterliche Gesellschaft hatte kein entspanntes Verhältnis zu Sexualität und Kriminalität – aber ein entspanntes zur Sünde.

Elisabeth Schraut

Werner Goez

Das Leben auf der Ritterburg

1513, genau vier Jahre vor Luthers Thesenanschlag, der in gewisser Hinsicht die Neuere Geschichte eröffnete, hat Albrecht Dürer ein berühmtes Bild in Kupfer gestochen, das gerne als klassische Vergegenwärtigung des Mittelalters angesehen wird: Hoch zu Roß, gepanzert mit Eisenhelm, Brustharnisch, Arm- und Beinschienen, die Lanze geschultert, umgürtet mit dem Schwert, nimmt ein Ritter den Weg durch eine düstere Waldschlucht. Das Visier ist geöffnet, gelassen, unbeirrt und selbstbewußt des Reiters Miene. Vergebens suchen ihn Tod und Teufel aufzuhalten, die Schreckenszeichen menschlicher Vergänglichkeit und höllischer Verwirrung. Wohin geht die Reise? Ist die Feste auf dem Berg im fernen Hintergrund das Ziel? In der prächtigen Weitläufigkeit mit Türmen, vielstöckigem Palas und Kemenate, den damals neumodischen Rundbastionen und den zahlreichen Nebengebäuden gewiß nicht die eigene, väterliche Burg, sondern eher ein repräsentativer Fürstensitz! »Ritter« bedeutet bekanntlich ursprünglich nichts anderes als »Reiter«, meint somit den adlig-wehrhaften Mann, der zu Roß unterwegs ist.[1] In der mittelalterlichen Dichtung und Kunst begegnet uns der Ritter vorzugsweise nicht am häuslichen Herd, sondern er zieht hinaus in die Welt: zu blutigem Kampf, zu festlichem Turnier, zu fröhlicher Jagd – die den »gebûren«, den Bauern, bei schwerer Strafe untersagt ist –, zu holdem Frauendienst, zu ungehemmt überschäumendem oder zeremoniös erstarrtem Treiben bei Hofe, endlich – das Pilgerkreuz aufs Gewand genäht – zum Heiligen Grabe Christi übers Meer. Versroman und Malerei führen uns den Ritter dort vor Augen, wo das Dasein weit, bunt und abwechslungsreich ist. In unterschiedlichen Spielarten exemplifiziert die höfische Epik den gleichen, streng standesgebundenen Erziehungsgrundsatz: Ob Erec, Iwein, Lancelot, Wigalois oder Parzival – der Ritter muß die Enge und Eintönigkeit des heimatlichen Lebenskreises verlassen, muß in der Fremde Rittertugend bewähren, sonst droht ihm die Schande zu verbauern, zu »versitzen« und zu »verligen«, träge zu werden in Untätigkeit. Es ließen sich viele Belege geben; so lautet die Aufforderung Wolframs von Eschenbach, welche er an Leser und Hörer richtet, als wären sie mitverantwortlich für das Schicksal seines Helden: »Lât rîten Gahmuretes kint!«[2] (So laßt doch den Gahmuret-Sohn Parzival in die Ferne reiten, um ein rechter Ritter zu werden und die Welt, sich selber und Gott zu finden!)[3]

Poetische Fiktion und historische Realität sind oft zweierlei, aber hier lassen sich zwischen ihnen Brücken schlagen. »Ich wolt besehen, wie die werlt wer gestalt«,[4] singt der Südtiroler Ritter Oswald von Wolkenstein, geboren wohl 1377 auf der väterlichen Burg im hinteren Grödnertal, deren bescheidene Ruinenreste heute noch so winzig-eng-verloren am schroffen Fels geradezu zu kleben scheinen, und gestorben 1445 in der landesherrschaftlichen Residenzstadt Meran, in jenem großen autobiographischen Gedicht, das von seinen Fahrten quer durch ganz Europa erzählt: von Spanien und Frankreich bis nach Litauen, Rußland und in die Türkei. So hart ihm dabei das Schicksal bisweilen auch mitgespielt – selbst einen Schiffbruch im Schwarzen Meer hat der Ritter, an ein schwimmendes Faß geklammert, überstanden, aber das in der Fremde erworbene Hab und Gut dabei wieder verloren –, so schlecht kommt im Vergleich dazu das Leben in der eigenen Burg bei ihm weg:

»... und was ich freuden ie gesach,
das büß ich vor under ainem dach.«[5]
»... in Races bei Saleren,
daselbs belaib ich an der ê,
mein ellend da zu meren
vast ungeren.«[6]
»... mein kurzweil die ist mangerlei:
neur eselgesang und pfawengeschrai.«[7]

(... Und was ich jemals an Freudigem erlebte, das büße ich nun alles unter einem einzigen Dach ab: dem meiner eigenen Burg... In Ratzes am Schlern, da bleibe ich jetzt sehr widerwillig in meinem Hausstand, was meinen Jammer nur noch vermehrt... Meine ganze Unterhaltung sind Eselgeschrei und Pfauengekreisch.)

Dichterische Übertreibung? Sicherlich auch dieses, doch es finden sich anderswo erstaunlich ähnliche Aussagen, wie beispielsweise in der Biographie des mainfränkischen Ritters Wilwolt von Schaumberg –

Wilwolt ist Dialektform für Willibald –, einem Büchlein, das ein glänzend informierter Standes- und Stammesgenosse dieses Adligen wohl auf Grund von Notizen Wilwolts in den ersten Jahren des 16. Jahrhunderts niedergeschrieben hat:

»Als aber Wilwolt von Schaumberg haimb kam und er ein hoch haus unden lär, oben nit vill darin het, dan sein vatter saliger het etwan vill kinder hinder ime verlaßen, den auch etlichen zu geistlichen, den andern in der welt verholfen muest werden – der halb man spricht: vill tail machen schmalle aigen –, so bedacht er sich, nit lang dahaimben zu bleiben.«[8]

(Als aber Wilwolt von Schaumberg nach Hause kam und er seine Turmburg unten ganz ausgeräumt und oben kaum eingerichtet vorfand, weil sein verstorbener Vater eine beträchtliche Anzahl von Kindern hinterlassen hatte, von denen notgedrungenermaßen einigen zu einer kirchlichen Karriere, den anderen zu einer standesgemäßen weltlichen Existenz verholfen worden war – weshalb ja das Sprichwort lautet: Unter viele verteilt, wird auch der größte Besitz rasch klein –, da nahm sich Wilwolt vor, nicht lange daheim zu bleiben.)

»Nu haben vill leut gehört, wie margraf Albrecht von Brandenwürg ... als einen fürstlichen brechtlichen hof bei seiner zeit gehalten, das des gleich in teutschen landen nit funden werden mocht. In denselben hof tet sich Wilwolt von Schaunburg, understuent sich auch nach hofs gewonthait zu rennen, stechen und allerlai kurtzweil, der den da über maß geübet, zu treiben.«[9]

(Nun ist ja allbekannt, daß damals Markgraf Albrecht Achilles von Brandenburg einen so glanzvollen fürstlichen Hofstaat unterhielt, wie man seinesgleichen in ganz Deutschland nicht zum zweiten Mal einen finden konnte. An diesen Hof begab sich Wilwolt von Schaumberg, und er begann, sich dort nach höfischem Brauch am Turnier mit der scharfen und mit der stumpfen Lanze zu beteiligen, wie auch an so manchem andern Zeitvertreib, was dort im Übermaß betrieben wurde.)

Das häusliche Elend des materiellen Mangels, entstanden durch die Aufteilung des schmalen Erbes unter zahlreiche Geschwister, treibt also den jungen Rittersmann, der sich gerade im Burgunderkrieg von 1475/76 die ersten Sporen verdient hat, an den Hohenzollernhof mit seinen gesellschaftlichen Annehmlichkeiten und wirtschaftlichen Chancen. Wilwolt hofft auf einen lukrativen Posten im Fürstendienst, und zwar, entsprechend der Einseitigkeit seiner Erziehung, im militärischen Dienst. Das ist kein Einzelschicksal, sondern eher die Regel. Rasch erweist sich seine ungewöhnliche Befähigung als Soldat und Truppenführer. Schließlich steigt er sogar zum kaiserlichen Feldhauptmann in Friesland empor. Engagement und Glück zahlen sich aus; als Wilwolt schließlich hochgeehrt den Abschied nimmt, um in die

Heimat zurückzukehren, ist er im Besitz eines sehr beträchtlichen Vermögens. Längst ist die väterliche Stammburg – nördlich von Coburg im Itzgrund gelegen – in fremde Hände geraten; Wilwolt erwirbt sie – oder vielmehr, was von ihr noch übrig geblieben ist – gegen klingende Münze von neuem. »Aber es was vast wiest, nit mer dan mit zweien alten kematen, sonder mauer und graben.«[10] (Doch sie war inzwischen bis auf zwei elende Wohnstuben halbzerstört und überdies ohne jegliche Befestigung.) Nun erfolgt der Wiederaufbau. Nichts darf dabei fehlen; eigens erwähnt der Biograph »guete mauern«, Türme, Gräben, Wehrgänge und Geschützbastionen, heizbare, geräumige Zimmer, endlich die Burgkapelle, »darin seiner eltern und aller verstorbenn des geschlechts zu ewigen zeiten, so lang das schlos sein stant haben mag, gedacht wirdet.«[11] Täglich sollen hier Fürbittengebet und Meßfeier zu Ehren der Toten der Familie begangen werden. (»Auf ewige Zeit« – freilich ist die Burg, wie später zu erwähnen, bereits im Bauernkrieg 1525 wieder zerstört worden und existierte mithin gerade ein Vierteljahrhundert lang.) Und als dies alles bewerkstelligt ist, sucht sich Wilwolt eine Frau aus standesgleicher Sippe in entsprechender wirtschaftlicher Lage, und er findet sie in enger Nachbarschaft in Jungfer Walburga, der Tochter des bischöflich-würzburgischen Hofmeisters Hans Fuchs von Bimbach und Dornberg, auch dieser ein fränkischer Ritter, der sich im Fürstendienst zu wohlsituierten Verhältnissen emporgearbeitet hat. Quantitäten werden im Mittelalter stets besonders beachtet: Volle vier Tage lang feiert man Hochzeit; als wären sie selber Dynasten, stellen Bräutigam und Brautvater ihren ganzen Reichtum zur Schau. Sogar ein veritabler Reichsfürst kommt zu Besuch, der Graf von Henneberg mit seiner Gemahlin; sechsundachtzig Damen von Adel beteiligen sich am festlichen Reigentanz; an tausend Gäste und Zaungäste verteilt man Speise und Trank; über fünfhundert Pferde werden eingestellt. Neben der Burg befindet sich eine eigens errichtete hölzerne Lagerstadt mit einem besonderen Tanzhaus. Ein »welsches Turnier« wird abgehalten. »Darnach schide iederman freuntlich und frölich ab.«[12]

Das Schicksal des Wilwolt von Schaumberg soll hier als Beispiel dienen. Freilich verbanden sich in seinem Leben persönliche Tüchtigkeit und die Gunst der Göttin Fortuna in besonderer Weise. So ging gut aus, was eher kläglich begonnen hatte. Während des ganzen Spätmittelalters kämpfte die deutsche Ritterschaft gemeinhin fast beständig mit wirtschaftlichen Schwierigkeiten, weil ihre Haupteinnahmen –

die Abgaben der bäuerlichen Hintersassen – in ihrer Höhe stagnierten, die Kaufkraft des Geldes aber immer mehr sank und sich gleichzeitig das Bedürfnis nach gesteigerter Lebensqualität erhöhte. Um durchhalten und – den bösen Zeitläufen zum Trotz – weiterhin standesgemäß existieren zu können, mußte man zuverdienen. Doch eine Tätigkeit als gewerblicher oder kaufmännischer Unternehmer galt nun einmal für den rechten Edelmann als unwürdig! Nur im Stadtadel war man diesbezüglich vorurteilsfreier, obwohl die patrizischen Geschlechter dafür in Kauf nehmen mußten, daß die ärmeren, aber vornehmeren Verwandten auf dem platten Land ihnen die Turnierfähigkeit absprachen. Dem standesbewußten Ritter blieben daher nur der Hofdienst, der Kriegsdienst, der Kirchendienst – was allerdings mit dem Zölibat verbunden war, wenn man sich erst einmal die Priesterweihe hatte geben lassen, aber man konnte damit ja warten! – oder Fehde und Raub.

Aufs ganze gesehen, war das Rittertum ein Stand in der Krise. So »normal« die halbausgeräumte, langsam verfallende Turmburg anmuten mochte, welche Wilwolt vorfand, als er nach des Vaters Tod in die fränkische Heimat zurückkehrte, so sehr fiel die aufwendige Behausung, die er sich später errichtete, aus dem üblichen Rahmen. War dies denn überhaupt noch eine Ritterburg? Auch wenn gewisse Grundgegebenheiten, Funktionen und Fortifikationen sich glichen: Burg war nicht einfach gleich Burg.[13] Man darf den bescheidenen ritterschaftlichen »Ansitz« oder die schlichte Anlage eines Donjon, eines Wohnturmes, nicht mit der Weitläufigkeit einer Kaiserpfalz, einer Fürstenresidenz, einer Landesfestung oder eines Dynastenschlosses zusammenwerfen, obwohl diese alle zugleich Burg-Charakter besaßen. Goslar, Wimpfen und Gelnhausen, das welfische Dankwarderode zu Braunschweig oder das pfalzgräfliche Heidelberg, die Wartburg ob Eisenach in Thüringen oder gar die Marienburg an der Nogat, wo der Hochmeister des Deutschritterordens residierte, waren keine Ritterburgen in dem Sinn, der hier gemeint ist.

Die meisten Ritterburgen des deutschen Spätmittelalters waren eher klein, beengt und dumpf, kalt und zugig. Innerhalb ihrer Mauern ließen sich keine üppigen Feste feiern, wo sich die Gäste zu Hunderten drängten, und ganz gewiß auch keine Turniere veranstalten. Diese wurden vielmehr in der Regel von den Landesfürsten ausgerichtet, meistens in größeren Städten, auf dem Marktplatz oder einem Anger vor den Toren. Eigene Turnierhöfe, wie man sie gelegentlich findet –

beispielsweise ganz besonders schön in der niederösterreichischen Prachtanlage der Rosenburg am Kamp –, sind später erbaut, in der Renaissancezeit, als Ritterburgen für die Landesverteidigung militärisch unwichtig geworden waren, oder gar erst im Verlauf des so eigentümlich rational und so eigentümlich romantisch empfindenden 19. Jahrhunderts, als man einerseits zahllose Burgen als nutzloses Gerümpel abgerissen hat und andererseits nicht wenige Burgen als nostalgisch-pittoreske Ausschmückung der Landschaft umfälschte oder ganz neu erbaute. Erwähnt sei Burg Stolzenfels am Rhein, nach Plänen Schinkels 1825 für König Friedrich Wilhelm IV. von Preußen umgestaltet, immerhin unter sorgfältiger Erhaltung einiger mittelalterlicher Mauerzüge, oder Burg Lichtenstein in der Schwäbischen Alb, die man 1802 vollständig abbrach, um die Steine zu verkaufen, dann aber – als Lichtenstein durch den Erfolgsroman des im gleichen Jahr 1802 geborenen Schriftstellers Wilhelm Hauff populär geworden war – 1840 durch Heideloff wiedererrichten ließ, in der gleichen grandiosen Lage, aber im stilistischen Detail wenig überzeugend, ja teilweise absurd. Erinnert sei an Ludwigs II. bayerischen Burgentraum Neuschwanstein – immerhin in Übersee das populärste deutsche Bauwerk nächst dem Brandenburger Tor – oder an die ästhetisch wirkungsvolle Hohkönigsburg im Elsaß, welche – als Trümmerhaufen über die Zeiten gekommen – von dem burgenforschenden Architekten Bodo Ebhardt für Kaiser Wilhelm II. historisch hochgelehrt, aber leider allzu schön und allzu phantasievoll wiedererrichtet wurde. Ich will die Neuromanik und Neugotik des 19. Jahrhunderts nicht schmähen; immerhin verdanken wir diesem eigentümlichen kulturgeschichtlichen Phänomen die Ergänzung und damit zugleich die Erhaltung vieler alter Stadtansichten, Kirchen und Burgen: Ruinös Gewordenes kann sehr rasch vergehen; Restaurierung ist notwendig, auch wenn sie bisweilen leider über das Ziel hinausschießt. Unsere Fragestellung gilt jedoch eben nicht der Ritterromantik, dem Nachempfundenen oder Manipulierten. Sie bezieht sich ausschließlich auf die historische Realität des deutschen Spätmittelalters: Wie lebte man denn wirklich auf so einer Ritterburg?

In Gedanken folgen wir Wilwolt in seine mainfränkische Heimat und damit in eine der burgenreichsten Landschaften Deutschlands, die überdies den Vorteil hat, daß sie ganz besonders instruktive archivalische Quellen zum Thema besitzt. Ein paar Zahlenangaben mögen die Dimensionen verdeutlichen.[14] Die Ruine Schaumberg liegt im heutigen bayerischen Regierungsbezirk Oberfranken, wo sich genau 265 mittelalterliche Wehranlagen nachweisen lassen, in Unterfranken weitere 296. Zum Vergleich: In den beiden Regierungsbezirken Koblenz und Trier – wegen der Eifel-, Hunsrück-, Mosel-, Rhein- und Lahnburgen weitberühmt – sind es zusammengenommen nur etwa 300.[15] Fast genau drei Fünftel der oberfränkischen Burgen, nämlich 151, lagen auf Hügeln, Bergen und Bergeshängen, also wie man sich in der Regel eine ordentliche mittelalterliche Wehranlage vorstellt. 32 waren trockene Talburgen, 82 Wasserburgen. Die Hälfte der Burgen läßt sich kaum noch im Gelände feststellen; nur von sechzig haben sich stattlichere Reste erhalten; 73 werden heute noch bewohnt. Diese sind in der Mehrzahl Wasserburgen, nämlich vierzig: Erstaunlich, fast jeder zweite Wehrbau dieses Typs ist in Oberfranken mehr oder minder wohlerhalten über die Zeiten gekommen. Ein knappes Drittel der im Tal gelegenen Trockenburgen – neun von 32 – blieb intakt, dagegen von den 151 Höhenburgen lediglich jede fünfte, nämlich genau 24. Das sind allerdings Zahlen, die sich nicht verallgemeinern lassen, sondern unterstreichen, in welchem Maße Franken ein Land der Burgen war und es bis heute geblieben ist.[16] Abermals ein vergleichender Hinweis: Von sämtlichen Rheinburgen zwischen Bingen und Koblenz entging nur eine einzige der Zerstörung, nämlich die Marksburg über Braubach, bis auch sie um 1900 der nicht eben zurückhaltenden Restaurierung durch den bereits genannten Bodo Ebhardt unterworfen wurde.

Burgen sind Wehrbauten; schon der Name drückt den Sachverhalt aus: Sie sollen bergen, schützen. Stellen wir uns vor, wir besuchten eine ritterliche Höhenburg mittlerer Größe während der Jahrzehnte zwischen 1430 und 1480, also in einer Zeit, als die Kanonen bereits erfunden, aber in Deutschland noch wenig üblich waren, vor allem nicht als transportable Feldgeschütze![17] Schon aus weiter Entfernung ist die stolze Silhouette sichtbar, denn der Bergesgipfel, auf welchem die Burg errichtet wurde, ist – wenigstens im oberen Teil – vollständig abgeholzt. Kein Feind soll sich unbemerkt anschleichen und verstecken können. Das Schußfeld muß offen sein. Der geschotterte Weg windet sich den Hang hinauf und zwar, wenn das Gelände es irgend gestattet, ein längeres Stück weit im Uhrzeigersinn, so daß der Schwertarm eines rechtshändigen Ankömmlings burgwärts, der Schildarm talwärts zeigt. Ein Pfeil oder Armbrustbolzen von oben träfe daher die leichter verwundbare Seite.

Mit einem Palisadenzaun, innerhalb dessen nachts die Hunde freigelassen werden, beginnt der äußere Burgdistrikt. Eine feste Brücke überquert den trockenen, mühsam in den gewachsenen Felsen gemeißelten »Halsgraben«. Wo sollte hier auch Wasser herkommen? Das innerste Brückenstück ist beweglich; es kann durch starke Seile oder Ketten mit Hilfe eines Flaschenzuges emporgezogen werden, so daß es – vor das Burgtor geklappt – eine zusätzliche Sperre bedeutet. Die Mauern um das Haupttor sind besonders verstärkt; hier ist die gefährdetste Stelle. Schießscharten von unterschiedlicher Gestalt bedrohen den entfernteren Gegner, Senkscharten und Pechnasen, aus denen es kochendes Öl, brennendes Pech oder Steine regnen könnte, denjenigen Feind, der sich bis zum Mauerfuß herangearbeitet hat und nun nicht mehr beschossen werden kann, ohne daß sich die Verteidiger selber feindlichen Schüssen aussetzen würden. Die Schießscharten dienen zugleich als Sichtblenden, damit der Feind nicht weiß, wo die Verteidiger stehen. In keiner Burg ist nämlich die Besatzung so zahlreich, daß sie zur gleichen Zeit alle Schießscharten besetzen könnte; ganze Mauerstücke bleiben frei, und das darf der Feind nicht sehen. Aus Archivalien erfährt man Zahlen, die viel geringer sind, als man erwartet: in der bischöflich-bambergischen Burg Reifenberg sechs Soldaten, in dem seit 1472 herzoglich-bayerischen, später nürnbergischen Reicheneck fünf Soldaten, die im Kriegsfall auf zwanzig verstärkt werden.[18]

In den ritterschaftlichen Burgen liegen die Zahlen eher noch niedriger; leider haben sich nur sehr wenige gesicherte Angaben erhalten. Gelegentlich geben Verträge, Verkaufsurkunden oder auch einmal ein Testament genaue Auskunft, wie das des fränkischen Ritters Paul von Wichsenstein zu Plankenfels, dem zu entnehmen ist, daß die Besatzung von dessen kleiner Burg aus einem einzigen reisigen Knecht – also einem Berufssoldaten –, dem Burgvogt, einem Hausdiener und zwei Kuhhirten bestand. Wo ausnahmsweise größere Zahlen genannt werden, liegen besondere Gründe vor. Als König Wenzel 1397 südlich von Bayreuth die Burg Spies belagerte, wurde diese von mindestens 24 Mann verteidigt: Es handelte sich um ein Raubnest; anscheinend bildeten nur zwei die ständige Besatzung, während die anderen als »Staudenhechte« ihre Züge über Land unternahmen, um auf Beute zu lauern.[19]

Alles in der Burg ist so eingerichtet, daß man mit möglichst geringer Besatzung ein möglichst hohes Maß an Verteidigungskraft erreicht.

Darum die bevorzugte Lage auf steilem Fels und am Klippenrand! Die malerischen Werte, die damit für die ästhetische Würdigung gewonnen werden und deren man sich durchaus schon im Mittelalter bewußt war, bilden keinen Selbstzweck, wie bei den Pseudo-Burgen des 19. Jahrhunderts; es geht primär um den fortifikatorischen Sinn. Deshalb werden auch die unbequemen, weiten Anmarschwege in Kauf genommen; Sicherheit geht vor.

Darum führt man seit der Stauferzeit diejenigen Mauerzüge, die besonders gefährdet sind, trotz der hohen Mehrkosten gern mit kostspieligen Buckelquadern auf: Steinblöcken, die auf der Schauseite nicht glatt behauen, sondern mit einer aufgewölbten Bauchung versehen sind. Der prachtvolle Anblick einer solchen Wand entzückt jeden Burgenfreund. Das dekorative Aussehen ist jedoch nur Nebensache.[20] Man erstürmt eine Burgmauer am besten so, daß man an ihr eine Sturmleiter emporschiebt, auf welcher bereits ein Krieger kauert, um mit kühnem Sprung auf die Mauerkrone zu gelangen. Wie können ihn die wenigen Verteidiger abwehren? Alles kommt auf die Geschwindigkeit an. Die Sturmleiter ist vorn mit zwei Rädern versehen; die Angreifer fahren sie in rasender Eile an der Mauerwand empor. Doch eben das wird durch die Buckelquader verhindert; sie bremsen die Räder und bringen die Leiter mitsamt dem sich darauf Anklammernden ins Schwanken. So tragen sie wirksam zur Verteidigung bei, denn stürzt man von der Leiter ab, ist es um einen geschehen. In einigen Gegenden fehlen die Buckelquader; sie lassen sich aus manchem Gestein – wie beispielsweise aus dem rheinländischen Schiefer – einfach nicht herstellen.

Über oder neben dem großen Tor, das – gelegentlich flankiert von einem Schlupftürchen für einzelne Fußgänger – aus schwerem Eichenholz gezimmert, mit Eisenblech beschlagen und durch einen Sperrbalken gesichert ist, verkündigt ein Wappenstein Namen und Geschlecht des Erbauers oder Besitzers. Zwar entstammen die meisten erhaltenen Beispiele erst dem 16. oder gar dem 17. Jahrhundert, aber die Sitte ist bereits spätmittelalterlich. Die Neuformation des Adels während der Ottonen- und Salierzeit hängt mit der Ausbildung von Stammburg und Hauskloster zusammen;[21] vordem nannte man sich nach Spitzenahnen: Karolinger, Brunonen, Welfen; seither bezeichnen sich die meisten Adelsfamilien nach ihren Burgen: Habsburg, Wittelsbach, Hohenzollern, und die in den niederen Adel aufsteigenden, die Masse der Ritterschaft bildenden Ministerialen tun es ihnen nach. In der frühen Stauferzeit wird die Wappenführung üblich und verfestigt sich rasch zum Familienzeichen.

Gleich neben dem Tor liegt einer der wenigen Räume der Burg, die in der Regel heizbar sind. Denn hier muß ja sommers wie winters beständig einer hocken, um den Einlaß zu kontrollieren, die Gäste zu begrüßen, die Einlagerung von Vorräten zu regeln, über die Abgaben der bäuerlichen Hintersassen Buch zu führen oder auch einem durchziehenden Pilger, der den Umweg aus dem Tal herauf nicht gescheut hat, einen kleinen Obolus zu reichen. Die Burg ist nicht nur Festung; sie bildet zugleich den Verwaltungsmittelpunkt für die Grundherrschaft, über welche der Ritter verfügt. Die Torstube dient in vielen Fällen zugleich als Rentkammer und nicht selten sogar als Archiv. Der Pförtner, Kastellan, Torvogt – die Bezeichnungen wechseln – fungiert als Vertrauensperson des Besitzers; häufig sind es sogar Verwandte, welche diese verantwortungsvolle Tätigkeit wahrnehmen.

Nehmen wir an, die Burg, welche wir in Gedanken besuchen, wäre nicht eine der allerkleinsten. Dann stünde man nach Passieren des Tores wohl zunächst in der Vorburg oder – wie es in Franken heißt – im Vorhof. Innerhalb der ersten, äußeren Verteidigungslinie konzentriert sich hier die ritterschaftliche Ökonomie. In der Vorburg befinden sich die Gesindehäuser und die Wirtschaftsgebäude: Scheuern und Stallungen, namentlich für Pferde – zum Ausreiten – und für Schafe und Ziegen – zum Niederhalten der Vegetation auf der kahlgeschlagenen Bergeskuppe. Da ist der »Kasten« für die Speicherung der Naturalabgaben, vor allem des Getreidezinses; soweit man das Korn nicht selber verzehrt, verkauft man es an die Städte, deren Bürger in Notzeiten dankbare Kunden sind. Bei Überangebot bleibt der Ritter leicht darauf sitzen; dann kehrt Schmalhans bei ihm ein. Die Brennvorräte – Holz und Holzkohle – werden in der Vorburg gestapelt, möglichst nahe der eigenen Schmiede, falls vorhanden; denn wegen der Feuergefahr und Geräuschbelästigung beherbergt man diese nicht in der Kern- oder Hauptburg. (Das Wort ist nachmittelalterlich.) Hühnerstall, Taubenschlag und Hundezwinger sind in der Vorburg untergebracht, desgleichen Fischgrube oder Fischkasten; und hier hat auch der Würz- oder Krautgarten in der Regel seinen Platz. Er fehlt in keiner Burg, denn die spätmittelalterliche Küche mit ihrer Freude am stark gewürzten, duftenden und abwechslungsreich garnierten Essen kann gar nicht darauf verzichten. Zugleich baut man Heilkräuter und Gemüsepflanzen an; die jahrhundertealte Tradition des Klostergartens und des karolingischen Fiskalgutes, wie sie durch Karls des Großen »capitulare de villis« dokumentiert ist,[22] dauert fort. Erst im 17. Jahrhundert wird man mit dem Lustgarten beim Schloß neue Gestaltungen schaffen, die auch der Adel nachahmt, soweit er überhaupt noch in seinen Burgen wohnt.

Und nun gelangt man durch ein inneres Tor, einen Durchlaß oder einen leicht sperrbaren gedeckten Gang in den Haupthof, umgeben von den repräsentativsten Gebäuden des Burgkomplexes. Der Freiraum ist in der Regel nicht groß. In Burg Neuhaus (Fränkische Schweiz), welche den Herren von Aufseß gehört – ein Mitglied dieser Familie war der Gründer des Germanischen Nationalmuseums in Nürnberg –, mißt der Hof etwa fünfzehn Meter an Länge und zehn Meter an Breite.[23] Es verrät eine arge Verkennung der Tatsachen, daß erst kürzlich wieder in einem wissenschaftlichen Nachschlagewerk behauptet wurde, hier habe man Kampfspiele abgehalten, insbesondere Turniere.[24] Das ist schon aus Gründen der Dimensionierung unmöglich; beim Lanzenstechen braucht man viel Raum, um schnell und wuchtig genug anreiten zu können. Im Gegenteil ist der innere Burghof in überaus zahlreichen Fällen prinzipiell für Pferde gesperrt, weil man bei seiner Anlage einen ganz anderen Zweck mitverfolgt hat: Häufig befindet sich unter dem Hof die Zisterne, in welcher man mittels eines Systems von Rinnen und Röhren das Regenwasser sammelt. Eindringender Pferde-Urin würde wegen der darin enthaltenen Hippur-Säure das Wasser ungenießbar machen. (Ohnehin kann man es ohne Schaden unabgekocht nur bei reichlicher Zusetzung von saurem Wein trinken, den man notfalls von weither bezieht; die Fässer lagern im Keller.) Ohne eigene Wasserversorgung würde keine Burg eine Belagerung überstehen. Längst nicht jeder Besitzer einer Bergfeste leistet sich die Anlage eines Tiefbrunnens bis zu einer wasserführenden Erdschicht oder gar bis zur Talsohle; der Bau ist unerhört teuer und würde im Notfall vermutlich auch nicht ausreichen: Wenn es brennt, muß man rasch löschen und kann nicht jeden einzelnen Wassereimer erst einmal vierzig, sechzig oder – Maximum auf deutschem Boden – einhundertzwanzig Meter tief herablassen und wieder heraufziehen. Darum gibt es nahezu auf jeder Höhenburg eine eigene Zisterne, ungeachtet der Frage, ob man außerdem noch über einen Tiefbrunnen mit wesentlich besserer Wasserqualität verfügt. Nur im Fall einer verrohrten Wasserzuführung wird auf das Sammeln des Regens in der Zisterne verzichtet. (Bei Talburgen verhält es sich natürlich anders, übrigens auch dies ein Grund dafür, daß die Zahl der heute noch bewohnten Wasserburgen, die auf das Mittelalter zurückgehen, vergleichsweise sehr viel höher liegt.)

Seitlich des Burghofes oder häufig isoliert in seiner Mitte erhebt sich der sog. Bergfried. Aber diese Bezeichnung erhielt erst im Verlauf des 19. Jahrhunderts den heute üblichen Sinn. »Berchfrit« nannte man im Spätmittelalter einen isolierten Turm auf einem künstlichen Erdhügel, einem sog. »Wale«.[25] Der »große Turm« – so lautet der alte Name – ist die letzte Zufluchtsstätte der Burgbewohner, wenn der Feind die Außenanlagen bereits eingenommen hat. Es handelt sich in der Regel um einen innen nicht voll ausgebauten Hohlturm mit besonders dicken Mauern. Meistens befindet sich der Zugang in etlichen Metern Höhe; über eine einziehbare Leiter oder eine abwerfbare Brücke gelangt man ins Innere. Im Turmstumpf lagert man Vorräte oder benützt ihn – je nach Burgzweck und Lebensart des Besitzers – als Verlies zur Verwahrung von Gefangenen. In der Regel wird freilich vorgezogen, Inhaftierte in einer festen Stube des Palas einzusperren, weil die Exkremente im Turmstumpf kaum zu beseitigen sind und die Luft verpesten. Bezüglich der Geruchsbelästigung war man im Mittelalter und speziell im Adel nicht ganz so unempfindlich, wie es gemeinhin angenommen wird.

Der »leere« Bergfried, wie heutige Burgbesucher es immer wieder erstaunt konstatieren, sah auch im Mittelalter nicht sehr viel anders aus. Gelegentlich hat man die Kapelle im Turm eingerichtet; über Holztreppen emporsteigend, kommt man schließlich in die Türmerstube, die im allgemeinen heizbar ist, sonst könnte man im Winter erfrieren. Übrigens gibt es zahlreiche Burgen, die niemals mit einem Bergfried ausgestattet waren. Bei umfänglicheren Anlagen übernimmt dann ein Außenturm die Funktion, letzter Verteidigungsbereich und Luginsland zu sein. Das bescheidene ritterschaftliche »feste Haus« verzichtet ganz darauf.

Naturgemäß konzentriert sich das Leben der Burgbewohner – vor allem in der schlechten Jahreszeit und was die Besitzerfamilie betrifft – auf jenes Gebäude, welches man – eine Bezeichnung aus den romanischen Ländern übernehmend, die in Deutschland nie recht üblich war – heute gern als »Palas« anspricht. Der alte Name dafür ist ganz schlicht »Haus«. Ebenerdig im Palas befindet sich die Küche, darüber die Kemenate und – bei größeren Anlagen und aufwendigerem Lebensstil – der Saal. »Kemenate« leitet sich vom mittellateinischen

»caminata« ab, dem Raum, der mit einem »caminus« ausgestattet ist, einer offenen Feuerstelle oder einem Ofen. Man sieht: Heizung bildet die Ausnahme. Eine Burg kann mehrere Kemenaten besitzen; dann ist eine vorzugsweise für die Frauen und Kleinkinder reserviert.

Immer wieder und oft seitenlang erzählen die höfischen Romane von glanzvollen »hôchgezîten« im festlich geschmückten Saal. Aber diese Schilderungen beziehen sich nicht auf die Ritterburg, in welcher man nur selten einen repräsentativen Raum für Feiern und offizielle Anlässe findet; sondern sie meinen die Fürstenresidenz oder die Landesfeste. Im 14. und 15. Jahrhundert liegt bei diesen der Saal fast regelmäßig im Oberstock. Man hat aus bösen Erfahrungen gelernt und hütet sich, über der Saaldecke ein weiteres Geschoß aufzumauern oder auch nur schweres Mobiliar auf dem Dachboden abzustellen. Erst mit der Erfindung von Eisenträgern und Spannbeton ist die innere Raumeinteilung flexibler geworden. Aber nicht nur von oben droht Gefahr. Man achtet jetzt darauf, daß sich die Zisterne nicht bis unter den Palas erstreckt, wie das in früheren Zeiten nicht selten der Fall war. Dabei geht es nicht in erster Linie um die zuvor unvermeidliche, unbehagliche Fußbodenkälte. Vielmehr sind die dramatischen Folgen älterer baustatischer Sorglosigkeit unvergessen. Ein Chronist schreibt es dem andern nach, wie beispielsweise anläßlich eines Besuches, den König Heinrich III. 1045 mit großem Gefolge der Gräfin Richlint in der Donauburg Persenbeug abstattete, unter dem Gewicht der Menge der Saal-Estrich einbrach. Gäste und Burgbewohner fielen in die Zisterne. Während der Herrscher Glück hatte und lediglich leichte Blessuren erlitt, ertranken nicht wenige Teilnehmer des Festes oder starben an den Sturzverletzungen; so auch die Gastgeberin, Bischof Bruno von Würzburg und der Abt von Ebersberg.[26] 1184 kommt es anläßlich eines Hoftages in Erfurt zu einem ähnlichen Unfall: Die Menschen drängen sich im Saal, als unversehens die Dielenbalken brechen. König Heinrich VI. kann sich gerade noch durch einen Sprung in die Fensternische retten; fünf Grafen – nach anderer Quelle: acht Fürsten – und zahlreiche Ritter reißt es hinab ins Wasser der Zisterne.[27] Also lieber gleich auf Sicherheit gehen und den Saal immer über kleingekammerten Kellern oder Zimmern aufmauern! Und vor allem den Festraum nicht über dem Wasserreservoir einrichten! Doch in den meisten Ritterburgen fehlt der Saal ohnehin. Man bedarf seiner nicht. Das häusliche Leben, dem man so gern feiernd entfliehen möchte, ist eher eng und karg.

Vor allem ist es düster und kalt. Die herrlich ornamentierten Fenstergewände von Burg Münzenberg in der Wetterau oder Wildenburg im Odenwald täuschen den modernen Besucher bezüglich der mittelalterlichen Lichtverhältnisse. Auch am hellen Tag herrscht in den meisten Räumen nur Halbdunkel. Die wenigsten Fenster sind verglast: vielleicht in der Kapelle, der Torstube, der Kemenate. Im allgemeinen begnügt man sich mit Fischblasen, die – auf Holzrahmen gespannt – lediglich einen milchigen Schimmer durchlassen, aber keinen klaren Ausblick ermöglichen. In der schlechten Jahreszeit versperrt man diese Lichtlöcher zudem noch mit Holzläden, die bisweilen – so nachweislich auf manchen Rheinburgen – sogar doppelt hintereinander angebracht sind, um der Zugluft zu wehren. Selbst in Kaiserpfalzen pfeift der Wind durch die Ritzen, die man mit Schafwolle ausstopft oder mit Pech, Talg und Pergament verklebt. Verbleite Butzenscheiben, wie man sie in den Städten an den Häusern vermögender Bürger findet, kommen gelegentlich vor, bilden aber kostbare Raritäten.

Der Fußboden – in vielen Nebenräumen nur aus Lehm gestampft, in den Zimmern dagegen meistens aus gebranntem Ton oder glasierten Ziegeln – wird im Sommer mit Blüten und duftenden Kräutern bestreut, um das Ungeziefer fernzuhalten, und im Winter mit geflochtenen Matten, Wollteppichen oder Fellen belegt, was nun freilich die Verbreitung des Ungeziefers wiederum fördert. Aber was soll man machen? Die Wände sind meistens verputzt und weiß gekalkt – auch aus hygienischen Gründen –, nicht selten bemalt – mit Recht berühmt sind beispielsweise die hochinteressanten Fresken in Burg Runkelstein bei Bozen und Castello Issogne im Aosta-Tal – oder mit Tüchern, Decken und Webware verkleidet. Vermutlich hat der großartige Minne-Teppich mit Szenen aus der Geschichte von Tristan und Isolde im Regensburger Stadtmuseum einmal als Wandbehang in einer Ritterburg gedient; das profane Thema spricht dafür. Auch Jagd-Trophäen – das Fell eines kapitalen Hirschs oder gar eines Bären – hängen an den Wänden. Endlich gibt es holzvertäfelte Zimmer; ein besonders eindrucksvolles, das freilich erst dem 16. Jahrhundert entstammt, hat sich in der schon genannten Rosenburg am Kamp erhalten. Das Mobiliar ist sparsam, oftmals geradezu karg zu nennen.

Aber was wissen wir darüber? Möbel gehören zur beweglichen Habe; man stellt sie um; der Geschmack ändert sich; Altmodisches oder defekt Gewordenes wirft man weg. In keiner einzigen deutschen Burg hat sich eine spätmittelalterliche Einrichtung mehr oder minder vollständig erhalten. Dennoch sind wir über die materielle Kultur der Ritterschaft zu Beginn des 16. Jahrhunderts glänzend informiert, oder richtiger: wir könnten genau Bescheid wissen dank eines überreichen, aber von der Forschung bislang noch kaum genutzten Quellenmaterials: den fränkischen Schadenslisten aus dem Bauernkrieg von 1525.[28]

Die damaligen Wirren haben in den Mainlanden entsetzlich gewütet. Allein im Bambergischen nahmen die aufständischen Bauern innerhalb von elf Tagen nicht weniger als 197 Burgen, verbrannten sie oder plünderten sie aus. Es war, als gebe es keine Gegenwehr. Der Bischof hatte den hochstiftischen Adel zu seinen Fahnen entboten; die Verteidigung oblag daher Greisen, Frauen und Kindern; denn wer aus den ritterschaftlichen Dörfern sonst die Burgbesatzungen verstärkt hatte, befand sich diesmal bei den Feinden. Und doch war es nur ein Strohfeuer: Kaum daß sich die Gegenkräfte formiert hatten und das Heer des Schwäbischen Bundes in Franken einmarschierte, erlosch der Aufstand. Die Bauern gaben auf. Nun drohte der Adel, grausam Rache zu nehmen. Um unbilligem Wüten und privaten Vergeltungsmaßnahmen einen Riegel vorzuschieben, zog Fürstbischof Weigand von Redwitz – selber aus einer Familie stammend, der man sieben Burgen gebrochen hatte – die Schadensersatzregelung an sich. Jeder Betroffene hatte eine detaillierte Liste der erlittenen Verluste einzureichen; dann überprüfte eine Kommission die Aufstellungen, um überhöhte Forderungen auf das rechte Maß zu reduzieren. Abschläge um zehn bis fünfzehn Prozent waren die Regel. Anschließend erfolgte die Wiedergutmachung zu Lasten der Landbevölkerung.[29] Für 131 Burgen im Besitz von 58 Familien sind die Schadenserhebungen vollständig erhalten; sie befinden sich im Staatsarchiv Bamberg. Man erfährt daraus auf das genaueste, was an beweglicher Habe vorhanden war, als der Bauernsturm losbrach. Manchem Ritter war nichts zu gering, als daß er es nicht geltend gemacht hätte: in Thurnau 16 leere Kornsäcke und tausend Dachziegel, die für eine Reparatur am Schweinestall bereitlagen, in Burgebrach zehn Hasenfallen und zwei Vogelnetze, in Leienfels ein leerer Mehlkübel, in Brunn eine Anzahl Holzbretter.[30] All dies wurde mit Preisen versehen, welche die bischöfliche Kommission gleichfalls zu kontrollieren hatte: ein kostbares Archivmaterial aus dem Übergang vom Mittelalter zur Neuzeit harrt hier noch der Erschließung und Auswertung für handelsgeschichtliche Fragestellungen.

In der Regel beginnen die Verlustlisten mit den Einbußen an Korn und Wein. Entweder verzehrte das Feuer die Getreide-Abgaben der zinspflichtigen Bauern, oder die aufständischen Hintersassen holten sich mit Gewalt zurück, was sie zuvor widerwillig und schwitzend in die herrschaftlichen Scheuern zu liefern hatten. Damit ging den Rittern das wichtigste Absatzprodukt verloren, auf dessen Verkauf sie angewiesen waren. In nicht wenigen Fällen werden deshalb die Unkosten quantifiziert, die dadurch entstanden waren, daß Adelsfamilien nun zeitweilig auf Pump leben mußten. – Es folgt das Vieh, welches man ihnen aus den Ställen geführt, sodann der Vorrat an Lebensmitteln. Die vernichteten oder geraubten Mengen sind beeindruckend, besonders an Fleisch und getrocknetem Fisch. Jede Burg mußte nun einmal für den Fall einer Belagerung hinreichend verproviantiert sein; zudem spielte gerade bei den höheren Gesellschaftsschichten die Ernährung mit tierischem Eiweiß eine ausschlaggebende Rolle, – was die Ritterleute freilich mit Überflußkrankheiten wie Gicht und Podagra schmerzlich zu büßen hatten, seit alters Standesleiden des Adels. Unerhört groß war die Zahl der Textilien; in nicht wenigen Schadenslisten bilden sie den höchsten Einzelposten. Immer wieder werden Tischtücher aufgeführt – anscheinend aß man im fränkischen Adel damals nicht mehr von der weißgescheuerten Holzplatte –, Handtücher und Servietten – augenscheinlich war es um die Hygiene besser bestellt, als man glauben möchte –, Bettücher, denn man schlief unbekleidet und wechselte dafür um so häufiger die Wäsche. Der Schlafkomfort war offenbar nicht gering; in jeder Verlustmeldung werden die Betten besonders aufgeführt und öfters fast blumenreich geschildert: Zum »Faulbettlein« des Christoph von Seckendorff gehörten Unterbett und Deckbett, Kopfkissen und Bankpolster – also eine weiche Matraze, kein gewöhnlicher Strohsack –, eine neue, gefütterte Decke und zwölf Paar Bettücher, Gesamtkostenpreis 62 Gulden:[31] ein halber Bauernhof. Und Utz von Rüssenbach trauerte seinem Lager nach, das mit der Burg Trunstadt in Flammen aufgegangen war: »sechs gutter gerichter federpet, item eyn petstat darin sulche pedt gelegenn, dy war von linttem holtz mit gantßem himeln darinne.«[32]

Vor dem Bett stand die »sedel« oder »sidel«, ein aufklappbares Sesselchen, in und auf welchem man die Tageskleidung ablegte, wenn man sich zur Nachtruhe begab. Im allgemeinen herrschte auf den Ritterburgen kein übertriebener Luxus. Natürlich verfügte man über ein anständiges Feiertagsgewand aus feinerem, auswärtigem Stoff, das oftmals mit Pelzwerk verbrämt war, aber man konkurrierte nicht mit der patrizisch-großbürgerlichen oder gar mit der höfischen Mode. Teilweise geben die Listen reizvolle Aufschlüsse, namentlich bezüglich der weiblichen Kleidung. Anscheinend liebten es vor allem die Erbinnen Wilwolts von Schaumberg, in gewählterer und teurerer Weise als andere Damen von Stand aufzutreten. Nur die Streitbergerinnen wetteiferten mit ihnen. Und nun war die ganze Pracht ein Opfer der Flammen geworden, die Schadensersatzforderung der Schaumberger aber die höchste von allen Familien im Bambergischen![33] Doch es entsprach wohl nicht altfränkischer Lebensart, gegebenenfalls ein ganzes Dorf zu verkaufen, lediglich um sich bei einem Turnier in einem herrlichen blauen Samtrock nach allerneuestem Schnitt bewundern zu lassen, wie dies – nach der Hauschronik der schwäbischen Edelherren von Zimmern – einer verwitweten Frau von Heudorf (bei Meßkirch) einmal einfiel.[34]

Von Hochschränken hören wir nichts, doch mag dies am Sprachgebrauch unserer Quellen liegen. Man verstaute seinen Besitz in Truhen, Kästen und Laden, die teilweise aus schön gemasertem Holz gearbeitet und mit kunstvollen Schlössern versehen waren. In Wichsenstein, einer der ältesten Burgen Frankens, gab es 22 beschlagene Truhen, 14 Laden, elf Kleiderkästen und zudem zwei in die Wand eingelassene Behälter, in welchem man den Familienschmuck und kostbare Raritäten aufbewahrte, unter diesen auch einige »geschmeltzte venedische gleser und andere gleser«, einen kunstvoll gearbeiteten Rosenkranz mit zwei abhangenden silbernen Kugeln, in denen sich Parfum befand, und ein vergoldetes Silberbild, wohl eine ererbte Treibarbeit, vielleicht aus Byzanz.[35]

Den Verlustlisten zufolge ging nicht allzu viel an Kunstwerken im Bauernkrieg zugrunde. Die Bedeutung des Ritters als eines Kulturträgers ist im Spätmittelalter nicht mit der des Fürsten oder des reichen Bürgers zu vergleichen. Nur bei sechs der erfaßten 58 Familien vermelden die Schadensverzeichnisse etwas über die Vernichtung von Büchern.[36] Auf Burg Egloffstein verbrannten fünf Druckschriften: eine Bibel, das Kirchenrecht, eine Legendensammlung, ein Kräuterbuch, die Gedichte des Nürnberger Meistersingers Hans Rosenplüt. Der Domherr Erasmus von Wolfstein beklagte in der häuslichen Burg den Verlust von zwei Brevieren, einem Antiphonar, einem Gesundheitsbuch, einer Anweisung zum Destillieren von Arzneimitteln und die astrologisch-alchimistische Chiromantik des Johannes de Indagine. Es handelte sich gleichfalls um gedruckte Bücher; Erasmus hatte außerdem noch eine alte Pergamenthandschrift besessen, aber er mußte der Kommission gestehen, daß er selber den Inhalt nicht kannte. Dagegen gab es bei der Familie von Seckendorff eine wirkliche Bibliothek, nämlich eine ganze Truhe voll mit theologischen, juristischen, historischen und poetischen Schriften. »Und ist meisttteils gewest venedischer und leoner truck und auf welsch schön sauber eingepunden.« Auch in dieser Hinsicht lagen übrigens die Schaumberger an der Spitze: 79 gedruckte Bücher verloren sie in Burg Daschendorf.

Die Bamberger Schadensersatzlisten vermitteln über den aktuellen Anlaß und den mainfränkischen Entstehungsraum hinaus relevante Einblicke in die Lebenswirklichkeit der deutschen Ritterschaft an der Schwelle vom Mittelalter zur Neuzeit. Sie warten dabei mit mancher Überraschung auf. So dürfte es wohl Verwunderung erregen, daß in diesen Verzeichnissen Waffen der verschiedensten Art eine geradezu untergeordnete Rolle spielen. Natürlich fehlen sie nicht völlig: Jede Burg ist per definitionem ein Wehrbau. Aber es hapert 1525 hinter der so trotzig anmutenden Mauer ganz empfindlich an Kriegsgerät, was zweifellos für die Erklärung der erstaunlichen Erfolge der aufständischen Bauern in der ersten Phase des Konfliktes mitheranzuziehen ist. Vor allem finden sich kaum Feuerwaffen: Wallbüchsen, Hakenbüchsen oder gar Kanonen. 1397 soll jede der vier Seitenmauern der Burg Streitberg mit vier Armbrüsten und tausend Schußbolzen, sowie mit vier Wallbüchsen und entsprechendem Pulver ausgestattet werden: also sechzehn Geschütze. Aber 1489 verfügt man dort nur über insgesamt sechs Hakenbüchsen, von denen vier so schwer sind, daß man sie zu mehreren bedienen muß – und dazu ist die Besatzung eigentlich viel zu zahlenschwach! 1525 ist keine einzige recht bedienungsfähig.[37] Ganze zwei Zündbüchsen und zwei Jagdgewehre sind es, die in der Schadensersatzliste von Burg Leienfels erwähnt werden![38]

Nur zögernd beteiligt sich die Ritterschaft an dem Modernisierungsvorgang in der Waffentechnik, wie er seit der Erfindung des Schießpulvers eingesetzt hat und im Ausgang des 15. Jahrhunderts geradezu rasante Geschwindigkeit erlangt. In den meisten Landesfesten kleiner oder selbst mittelgroßer Reichsfürstentümer sieht es kaum anders aus: Man verfügt nicht über genügend Geld für die Beschaffung von neuen Feuerwaffen und besitzt zu wenig Soldaten zu deren Bedienung. Was in den Städten zur Regel wird – niedrige Geschützbastionen mit dickem Erdwall – und was damals in den Feldarmeen planmäßig eingeführt wird – ein ganzer Kanonenpark –, das findet sich am ehesten in denjenigen Ritterburgen, deren Besitzer sich nicht darüber im unklaren sind, daß sie durch ihr Verhalten früher oder später einen Großangriff geradezu herausfordern. 1523 verfügt man in dem berüchtigten Raubnest Bocksberg – westlich von Bad Mergentheim – über 76 Feuerwaffen »an treffenlichem geschütz, alls quartonen, notschlannngen, valckonetlin, zenntner- und sunst hackenpüxen in merck-licher antzal, dartzu kugl, pulfer und annder munition, auch wein, melb, getraid, flaisch, saltz und allem dem, so in ein besetzung gehört.«[39] Aber angesichts der numerischen und militärtechnischen Überlegenheit des Schwäbischen Bundes reichen alle Armierung und Vorratseinlagerung für den Belagerungsfall dann doch nicht aus: Die Burg muß kapitulieren und wird zerstört.

Ist der Ritter im ausgehenden Mittelalter bereits eine anachronistische Gestalt? Merkwürdig: gerade in dieser Zeit nimmt das Turnierwesen einen neuen Aufschwung. Chroniken, Ratsrechnungen, Familien- und Turnierbücher sind voll davon; es gibt herrliche Illustrationen von Meisterhand. Martin von Schaumberg, ein Nachfahre des reichen Wilwolt, verlangt 1525 Schadensersatz für eine komplette Turnierrüstung im Gesamtwert von 458 Gulden – eine Summe, für welche man wohl drei bis vier mittelgroße Bauernhöfe kaufen könnte und die höher ist als die Gesamtentschädigung von 36 zerstörten Burgen, – zugestandenermaßen den kleinsten in der Bamberger Liste.[40] Ähnlich kostbar ist das »Renn- und Stechzeug«, welches sein Verwandter Wolf von Schaumberg beim Brand der Burg Strössendorf einbüßte.[41] Aber im allgemeinen verfügen die Ritter gar nicht über eine eigene Turnierausrüstung, sondern borgen sie sich im Bedarfsfall bei einem Fürstenhof oder auch – gegen Gebühren – im Leihhaus einer Stadt!

Edelmann ist nicht gleich Edelmann. Nicht wenige Rittersleute kämpfen geradezu verzweifelt gegen die materielle Not. Am ärgsten sind oftmals die Witwen dran. Zwar verlangt die Burgherrin Gertraud von Schaumberg zu Unterleitenbach, das 1525 »zerrissen und verbrannt« wurde, 2475 Gulden Schadensersatz und Dorothea Förtsch auf Thurnau gar 4878 Gulden, aber das sind Ausnahmen. Die Witwe Margarethe Groß zu Christanz berechnet ihr gesamtes, nun zerstörtes Hab und Gut auf 196 Gulden, Sibilla Motschidler von Görau auf 93 Gulden, – gerade genug, um dafür einen kleinen Bauernhof zu kaufen. Der Witfrau Juliana Mertz auf Schönbrunn haben die aufständischen Bauern die letzten Andenken an bessere Zeiten zerschlagen: einen silbernen Becher, einen silbernen Tafelaufsatz – eine sog. »Gesellschaft« – und eine vergoldete Silberschelle. An Bargeld hat sie neun Gulden eingebüßt, – und der verständliche Versuch, die Beträge im Schadensbericht etwas anzuheben, ist auch fehlgeschlagen: Die Kommission hat ihre Forderung von 95 Gulden auf 74 reduziert.[42] Zum Vergleich: das Jahreseinkommen eines ordnungsgemäß bepfründeten Pfarrers beträgt damals etwa 45 bis 50 Gulden, das eines voll besoldeten Vikars oder Kaplans immerhin 15 bis 20 Gulden.[43] Aber jene Entschädigungssummen sollen als einmalige Zahlungen dem Empfänger ermöglichen, in Zukunft ohne fremde Hilfe den bisherigen Lebensstandard zu halten. Dieser war demnach in zahlreichen Fällen gewiß nicht hoch!

Ritter ist nicht gleich Ritter. In den Bamberger Listen liegt der Wert der zerstörten Burg Pommersfelden mit Abstand an der Spitze: nahezu 10000 Gulden![44] Andererseits besitzen oftmals mehrere Ritter zugleich als »Ganerben« gemeinsam ein- und dieselbe Burg zu ganz unterschiedlichen Teilen. Die abgebrannte Stammburg der Egloffsteiner gehörte gleichzeitig vier Familienmitgliedern, die alle dort wohnten, was den Sippenfrieden zu halten nicht leichter machte. Sechs Mitglieder des Hauses Guttenberg sitzen in der gleichnamigen Feste.[45] Wenn es zwischen ihnen zum Streit kommt, der gerichtskundig wird, geraten kleine Lebensbilder aus ferner Zeit in die Akten: Wie einer der hochedlen Guttenbergischen Vettern sich beim Holzhacken im Burghof etwas dumm anstellt und von einem Verwandten vor den Augen seiner »Hausehre« ausgelacht wird, worauf er sich zornentbrannt, in sein »altabgeschabt reitwämslin« gekleidet, wie er ist, zu Pferd nach Kulmbach zum Notar begibt und eine Protestation niederschreiben läßt, weil er sich in seiner Mannes- und Ritterehre gekränkt fühlt.[46]

Mancher Ritter des Spätmittelalters fühlt sich beständig gekränkt, – vielleicht auch, weil er daran verdient? Ein Mann von Adel schluckt keinen erlittenen Tort schweigend herunter; anders als die bürgerlichen Pfeffersäcke sucht er sein Recht nicht vor Gericht, sondern er antwortet auf jede Beleidigung selber mit der Waffe in der Faust. Das ritterliche Ehrgefühl treibt ihn auf den Weg außergerichtlicher Selbsthilfe. Nur das ist Fehde! Man schädigt den Feind, indem man seine Bauern beschwert, seine Kaufleute ausplündert, Lösegeld erpreßt, das gegnerische Geleit bricht – d.h. seine Garantie des Straßenfriedens –, worauf jener den Betroffenen den Verlust ersetzen muß, so daß man sich selbst unmittelbar bereichert und den Feind mittelbar materiell trifft. Je stärker das Rittertum in die Krise gerät, weil es mit dem Aufkommen des modernen Fürstenstaates und der Städte weitgehend funktionslos wird, desto entschiedener betont man die Legalität solchen Vorgehens, obwohl die Begründung immer fadenscheiniger wird. Kaiser und Reich machen den Landfrieden jedermann zur Pflicht; sie drohen dem fehdeführenden Ritter mit Acht und Reichsexekution. Doch dieser ist eben »beleidigt« worden und reagiert darauf gemäß dem Verhaltenskanon und begleitet vom unausgesprochenen oder lautartikulierten Beifall der Standesgenossen: Thalacker von Massenbach, Cunz Schott, Thomas von Absberg, Götz von Berlichingen. Selbstverständlich haben sie alle ein chronisch gutes Gewissen. Götz verfaßt seine köstliche Selbstbiographie »allein umb der ursachenn willenn, das mich angelanngt, wie das ettliche meiner mißgonner ettwann auß neid unnd haß, oder villeicht aber auß unnwissennheit mir gern meine handlung, die ich mein tag gefurtt hab, zum ergstenn und ubelstenn außlegenn woltenn.«[47] Aber derselbe Mann, der es mit Entschiedenheit bestreitet, daß er sich jemals anders verhalten habe, »als wie einem frummen erlichen vom Adell gebürt«,[48] schreibt geradezu generalstabsmäßig ein Register aller für den Raubritter interessanten Flußübergänge, Waldschluchten und Naturhindernisse in seinem bevorzugten Operationsgebiet: »In Rinten bei dem holtzlin ligen drei baum auff einer hohe in einem großen holtz; man kan uberall uff die straß sehen.« »Do ist schnappen gut.«[49]

Man könnte meinen, wir wären zu dem Dürer-Bild zurückgekehrt, welches eingangs erwähnt wurde. Den spätmittelalterlichen Ritter schreckt es wenig, unter dem Vorwand rechtmäßiger Fehde, vom Teufel assistiert, im düsteren Waldtal auf Durchreisende zu lauern. Der Tod zeigt ihm das Stundenglas: »Deine Zeit ist abgelaufen.« Gilt das dem einzelnen oder dem ganzen Stand? Eine Zukunft hätte der Ritter allenfalls in der Fürstenresidenz, wie Dürer sie im Hintergrund abbildet. Die ritterliche Burg wird auf diesem Blatt gar nicht erst gezeigt. Sie vermag den Adel militärisch, ökonomisch und standespolitisch nicht mehr zu bergen, seitdem sich der Anbruch einer neuen Epoche ankündigt. Sie ist schwach und unmodern geworden.

Aber das soll nicht das letzte Wort zum Thema sein. Albrecht Dürer hat seinen Stich gewiß ganz anders oder zumindest gleichzeitig noch ganz anders gemeint. »Ritter, Tod und Teufel« ist eines von drei Blättern zur Tugendlehre,[50] entsprechend der scholastischen Auffassung vom dreifachen Weg des Menschen zum »summum bonum«. Das Rittertum war ein historisches und damit vergängliches, zeitgebundenes Phänomen; aber es war und bleibt zugleich Realisierung überzeitlich gültiger Werte. Gerade dieses empfinden wir angesichts der machtlos gewordenen Ruinen und der dennoch fortdauernden Kraft einer spätmittelalterlichen Ritterburg.

Anmerkungen

1 Aus der reichen Literatur seien genannt: Gustav Freytag, Bilder aus der deutschen Vergangenheit 2: Vom Mittelalter zur Neuzeit, viele Aufl. seit 1859, zuletzt: München 1978, hg. von Heinrich Pleticha; wohl immer noch die schönste deutsche Kulturgeschichte! Hellmuth Rössler (Hg.), Deutscher Adel 1430–1555, Darmstadt 1965; Alexander Freiherr von Reitzenstein, Rittertum und Ritterschaft, München 1972; Arno Borst (Hg.), Das Rittertum im Mittelalter, Darmstadt 1976; Otto Borst, Alltagsleben im Mittelalter, Frankfurt a.M. 1983. Eher populär, aber teilweise durch hervorragendes Bildmaterial bestechend: Werner Meyer/Erich Lessing, Deutsche Ritter, deutsche Burgen, München 1976; Karl Brunner/Falko Daim, Ritter, Knappen, Edelfrauen. Ideologie und Realität des Rittertums im Mittelalter, Wien-Köln-Graz 1981.

2 Wolfram von Eschenbach, Parzival V, 224 V. 5, hg. v. Karl Lachmann, neu bearb. v. E. Hartl, Berlin 1952.

3 Für den ungeübten Leser füge ich Übersetzungen bei, die bisweilen den Text zudem kommentieren und interpretieren sollen.

4 Karl Kurt Klein (Hg.), Die Lieder Oswalds von Wolkenstein, Tübingen 1962, Lied 18 V. 2.

5 Ebd., Lied 44 V. 33–34.

6 Ebd., Lied 44 V. 18–21.

7 Ebd., Lied 44 V. 61–62.

8 Adalbert von Keller (Hg.), Die Geschichten und Taten Wilwolts von Schaumburg, Stuttgart 1859, eine leider sehr fehlerhafte Edition, worauf bereits Gustav Freytag, (Bilder) nachdrücklich hinwies. Das beginnt bereits mit dem Titel: Schaumb*u*rg statt Schaumb*e*rg. Das Zitat: S. 33.

9 Ebd., S. 33.

10 Ebd., S. 198.

11 Ebd., S. 198.

12 Ebd., S. 199.

13 Vgl. Hans Patze (Hg.), Die Burgen im deutschen Sprachraum. Ihre rechts- und verfassungsgeschichtliche Bedeutung, 2 Teilbände, Sigmaringen 1976. – Ältere Literatur zur Burgenkunde kann hier nicht aufgezählt werden,

zumal sie meist unter mehr oder minder kunsthistorischer Fragestellung einer Typologie verhaftet ist, die solche Differenzierung nicht beachtet. Vgl. Bodo Ebhardt, Der Wehrbau Europas im Mittelalter I, 1939, Nachdruck Frankfurt a.M. 1977; Walter Hotz, Kleine Kunstgeschichte der deutschen Burg, Darmstadt [4]1979. Vollends die gerade in letzter Zeit zahlreich erschienenen Bildbände zum Thema bevorzugen aus leicht einsehbaren Gründen repräsentative Großburgen und Fürstenresidenzen. – Vgl. zum Gesamtthema auch den Artikel »Burg« (verschiedene Autoren) in: Lexikon des Mittelalters II, Sp. 957–1003.

14 Kurt Rudhart, Burgen und Wehranlagen im Landschaftsbild des östlichen Franken, Diss. Erlangen 1952 (Maschinenschrift); Rudolf Endres, Zur Burgenverfassung in Franken, in: Hans Patze (Hg.), Burgen, S. 293–329.

15 Herwig Ebner, Die Burg als Forschungsproblem mittelalterlicher Verfassungsgeschichte, in: Hans Patze (Hg.), Burgen, S. 20.

16 Bodo Ebhardt, Wehrbau, S. 420.

17 Vgl. zum folgenden vor allem: Hellmut Kunstmann, Mensch und Burg. Burgenkundliche Betrachtungen an ostfränkischen Wehranlagen, Würzburg 1967. Hier – wie in anderen Arbeiten des gleichen Verfassers – werden die einzelnen Bauteile mit reicher Materialkenntnis genau gewürdigt.

18 Hellmut Kunstmann, Mensch und Burg, S. 165 u. 168.

19 Ebd., S. 171f.

20 Natürlich steht der ästhetische Eigenwert ungeachtet der getroffenen Feststellung außer Zweifel. Vgl. dazu zuletzt die reizvolle Studie von Cord Meckseper, Über die Verbreitung und Zeitstellung des Buckelquaders in Frankreich, in: Burgen und Schlösser 23 (1982), S. 7–16.

21 Karl Schmid, Zur Problematik von Familie, Sippe und Geschlecht, Haus und Dynastie beim mittelalterlichen Adel, in: Zeitschrift für die Geschichte des Oberrheins 107 (1957), S. 1–62, sowie die anderen einschlägigen Arbeiten dieses Forschers. »Adel« in: Lexikon des Mittelalters I, bes. Sp. 122 bis 123 (Karl Ferdinand Werner).

22 Monumenta Germaniae Historica (MGH), Capitularia I Nr. 32.

23 Hellmut Kunstmann, Mensch und Burg, S. 110.

24 So irrig Günther Binding, Artikel »Burg« in: Lexikon des Mittelalters II, Sp. 961. Richtig dagegen Hellmut Kunstmann, Mensch und Burg, S. 109f.

25 Am genauesten dazu: Hellmut Kunstmann, Mensch und Burg, S. 27–34.

26 Ernst Steindorff, Jahrbücher des deutschen Reiches unter Kaiser Heinrich III, 1. Band, Leipzig 1874, S. 229ff.

27 Theodor Toeche, Jahrbücher der deutschen Geschichte unter Kaiser Heinrich VI., Leipzig 1867, S. 33f.

28 Staatsarchiv Bamberg Rep. 46b Nr. 3–10. Auf diese Quellen verweist peripher Hellmut Kunstmann, Mensch und Burg, S. 102; ausführlich hat sie herangezogen Rudolf Endres, Adlige Lebensformen in Franken zur Zeit des Bauernkrieges (Neujahrsblätter der Gesellschaft für fränkische Ge-

schichte 35), Würzburg 1974. Eine Edition ist noch nicht vorhanden. Ich danke dem Staatsarchiv Bamberg für Benützungserlaubnis und Mikrofilm.

29 Vgl. Rudolf Endres, Adlige Lebensformen.

30 Einzelangaben im Folgenden teilweise nach Rudolf Endres, Adlige Lebensformen, teilweise unmittelbar nach den Handschriften. Ferner ist zu vergleichen, da teilweise auf anderen Archivalien beruhend, Otto Freiherr von Schaumberg, Aufruhr-Schäden im Bauernkrieg 1525, in: Fränkische Blätter 1951, Nr. 12, 15 u. 16.

31 Rudolf Endres, Adlige Lebensformen, S. 38.

32 Zitat nach der Handschrift.

33 Nach der Zusammenstellung von Otto Freiherr von Schaumberg, Aufruhr – Schäden.

34 Karl August Barack (Hg.), Zimmerische Chronik 1, S. 414, Tübingen [2]1881; Neuausgabe von Hansmartin Decker-Hauff u. Rudolf Seigel, Darmstadt 1964, Bd. 1, S. 199.

35 Rudolf Endres, Adlige Lebensformen, S. 27.

36 Eine Arbeit über die Buchverluste fränkischer Adelsfamilien im Bauernkrieg ist in Vorbereitung. Vgl. vorerst die in Anm. 28 zitierte Literatur.

37 Hellmut Kunstmann, Mensch und Burg, S. 129, 130 u. 138.

38 Rudolf Endres, Adlige Lebensformen, S. 37.

39 Joseph Baader (Hg.), Verhandlungen über Thomas von Absberg, Stuttgart 1873, S. 79ff.

40 Rudolf Endres, Adlige Lebensformen, S. 19.

41 Otto Freiherr von Schaumberg, Aufruhr – Schäden, Nr. 16.

42 Rudolf Endres, Adlige Lebensformen, S. 31 über Juliana Mertz. Die im Anhang abgedruckte Schadensliste ist allerdings nicht vollständig. Die übrigen Angaben nach den Handschriften bzw. nach Otto Freiherr von Schaumberg, Aufruhr – Schäden.

43 Karl Otto Müller, Zur wirtschaftlichen Lage des schwäbischen Adels am Ausgang des Mittelalters, in: Zeitschrift für Württembergische Landesgeschichte 3 (1939), S. 311.

44 Otto Freiherr von Schaumberg, Aufruhr – Schäden, Nr. 15.

45 Hans von Egloffstein, Schadenssumme 130 Gulden; Martin von Egloffstein, Schadenssumme 19 Gulden; Wolf von Egloffstein, Schadenssumme 130 Gulden; die Witfrau Elisabeth von Egloffstein, geb. Stürmerin, Schadenssumme 82 Gulden. – Fritz von Guttenberg, Schadenssumme 30 Gulden; Georg von Guttenberg, Schadenssumme 80 Gulden; Witfrau Anna von Guttenberg, Schadenssumme 70 Gulden; Witfrau Osanna von Guttenberg, Schadenssumme 300 Gulden; Witfrau Eva von Guttenberg, Schadenssumme 190 Gulden; Frau Margarethe von Guttenberg, Schadenssumme 100 Gulden.

46 Hanns Hubert Hofmann, Der Adel in Franken, in: Hellmuth Rössler (Hg.), Deutscher Adel, S. 114 nach mündlich tradierter Familienüberlieferung.

47 Helgard Ulmschneider (Hg.), Götz von Berlichingen, Mein Fehd und Handlungen, Sigmaringen 1981, S. 52.

48 Ebd., S. 132.

49 Hanns Hubert Hofmann, Des Götz von Berlichingen Register der Hälte und Furten um Nürnberg, Kallmünz 1957, S. 28 u. 24.

50 Vgl. Ausstellungskatalog Albrecht Dürer 1471–1971, Germanisches Nationalmuseum Nürnberg 1971, Nr. 503 mit weiteren Literaturangaben.

Heide Wunder

Der dumme und der schlaue Bauer

I

Die mittelalterlichen Bauern treten in der höfischen Literatur als häßliche Toren und seit dem 15. Jahrhundert in den städtischen Fastnachtsspielen als Narren auf:[1] Narren und Toren galten im Mittelalter als Ausbund der Laster- und Sündhaftigkeit. Diese Darstellung der Bauern, die doch 90 % der Bevölkerung ausmachten, die materielle Grundlage des gesamten Lebens erarbeiteten und ohne deren ständigen Abzug vom Land die Städte nicht funktionsfähig gewesen wären, erstaunt auf den ersten Blick. Wenn der Bauer schon einmal positiv gezeichnet wird, dann nur, wenn er dem Teufel ein Schnippchen schlägt oder wenn er sich gegenüber seinem Herrn – trotz aller Versuchungen durch eine »listige Frau« – als »wahrhaftig« und »einfältig« erweist.[2] Geben die häufig detailreichen und anschaulichen literarischen Bilder von *dem Bauern* Auskünfte über *die Bauern,* ihre wirtschaftliche und soziale Situation, ihre Lebensperspektiven und Weltsichten? Die Literaturhistoriker sind sich inzwischen darin einig, allerdings von manchem Historiker noch nicht wahrgenommen,[3] daß in dieser literarischen Überlieferung kein Abbild der bäuerlichen Welt zu sehen ist, sondern vor allem Probleme des höfischen und städtischen Publikums zu fassen sind. Die literarische Figur des dummen und des schlauen Bauern steht in der Tradition von *Bauernlob* und *Bauernschelte,* die seit dem 11. Jahrhundert kontinuierlich zu verfolgen ist, jedoch in vielen Motiven und Argumenten auf antike Vorbilder zurückgriff. Bauernlob und Bauernschelte wiederum sind literarische Figuren, die gezielt zur Diskussion ambivalenter und widersprüchlicher gesellschaftlicher Ordnungsvorstellungen eingesetzt wurden: Die von der Kirche entwickelte funktionale gesellschaftliche Arbeitsteilung in »Beter, Krieger und Bauern«, die den Wert aller Tätigkeiten in gleicher Weise anerkennt und aufeinander bezogen sieht,[4] steht teilweise in Widerspruch zu den Werten der Laiengesellschaft, die eindeutig hierarchisch geschichtet ist – Adel, Bürger, Bauern – und für die körperliche Arbeit ein eindeutiges Trennungskriterium darstellte, wobei sie sich auch noch auf das Alte Testament berufen konnte, das Arbeit als Fluch einordnet.[5]

Bäuerliche Arbeit galt als die körperliche Arbeit par excellence und wurde in der kriegerischen Gesellschaft des hohen Mittelalters abgewertet. Auch die Kaufleute der Städte legten großen Wert darauf, daß ihre Tätigkeit nicht als Arbeit, sondern als »Handel« klassifiziert wurde. Die Disqualifizierung bäuerlicher Arbeit hängt grundlegend mit der neuen gesellschaftlichen Differenzierung und Hierarchisierung zusammen, die der Aufstieg der unfreien Ministerialen in eine eigene Adelsgruppe und die Ausbreitung des Städtewesens brachte. Das Los der Bauern wurde vielfach in den Planetenbildern dargestellt, in denen man sie zu den unglücklichen Kindern des Saturn rechnete, und zwar aufgrund von Gottes Fluch bei der Vertreibung Adams und Evas aus dem Paradies.[6] Wenn man die tatsächlichen gesellschaftlichen Veränderungen bedenkt, dann wird verständlich, daß sich die Figur des Bauern für die literarische Diskussion um »das gute Leben« geradezu anbot, sowohl um den adeligen vom bäuerlichen Analphabeten abzugrenzen und die eigene landbauliche Vergangenheit abzustreifen, als auch um die neue soziale Qualität in einer neuen Lebensweise darzustellen. Die höfische Literatur bediente sich dazu zweier Mittel: (1) der Gegenbildlichkeit von Hof und Dorf, von Ritter und Bauer, von ritterlicher Schönheit und Tugend im Gegensatz zu bäuerlicher Häßlichkeit und Lasterhaftigkeit; (2) der Vorstellung von der »verkehrten Welt«, wenn Bauern Ritter, d. h. »oben« und nicht »unten« sein wollen.[7] Die Verschränkung von Selbstdisziplinierung eines Standes mit dem Streben nach Stabilisierung der gesellschaftlichen Ordnung wird hier klar erkennbar und macht den eigentlichen Sinn literarischer *Ständedidaxe* aus.

Auch in der städtischen Literatur wurde die Figur des Bauern zur Ständedidaxe benutzt.[8] Vor allem im Lehrgedicht und in den Fastnachtsspielen wird ein weiteres Prinzip für die Benutzung dieser Figur deutlich. In der städtischen Fastnacht war die Bauernmaske nach der Teufelsmaske die beliebteste, wohl weil sie den Bürgern die größte »Narrenfreiheit« bot. Die Fastnachtsspiele, die häufig im Dorf oder auf dem Land angesiedelt sind, thematisieren Probleme der bürgerlichen Gesellschaft in der Maske der Bauern und geben damit bürgerliche Schwächen der Lächerlichkeit preis. Die Bürger sollten sich zwar in der Bauernmaske wiedererkennen, aber über den bäuerlichen »Narren« lachen können, um die eigenen Laster zu überwinden. Ganze Spielszenen werden ins Dorf und in bäuerliche Haushalte verlegt, nicht etwa um bäuerliches Leben zu schildern, sondern vielmehr um allgemeine menschliche Tugenden und Laster vorzuführen. Kurt Ruh hat »Wittenwylers Ring« (um 1400) in diesem Sinn interpretiert.[9] Ein gutes städtisches, wenngleich spätes Beispiel ist Hans Sachsens Fastnachtsspiel »Das Kelberbruten« (1557), das er bereits 1547 als Meistergesang gefaßt hatte.[10] Sachs schildert die Auseinandersetzungen eines bäuerlichen Paares. Während die Bäuerin vor Tage auf den Markt geht, um dort Milch, Käse und Eier zu verkaufen, bleibt der Mann zu Hause und übernimmt alle häuslichen Arbeiten, die eigentlich in die Zuständigkeit der Hausfrau gehören: Vieh austreiben und kochen. Er verschläft, und alles mißlingt ihm: das Vieh muß er in den eigenen Garten treiben, und während er das Essen aufsetzt, ertrinkt das Kalb im Brunnen. Aus Angst vor seiner ständig schimpfenden und zuschlagenden Frau will der Mann – das Beispiel der auf Eiern brütenden Hühner nachahmend – aus Käsen, die durch viele Maden bereits »lebendig« sind, Kälber brüten, um den Verlust zu ersetzen. Die zurückkehrende Frau hält ihren Mann für verzaubert und läuft zum Pfarrer, um den Teufel austreiben zu lassen. Es gelingt Pfarrer und Ehefrau, den Mann vom Kälberbrüten abzubringen. Die Klagen des Mannes über seine in Worten und Schlägen gewalttätige Frau veranlassen den Pfarrer, die Frau zurechtzuweisen und selbst der Besessenheit zu bezichtigen, woraufhin sie ihn ebenfalls mit Schlägen bedroht, so daß er die Flucht ergreift. Zurück bleibt das Ehepaar: Bauer und Bäuerin fallen sofort in ihre alten Rollen zurück. Die Bäuerin schickt den Mann zum Weinholen, um sich mit ihm gemeinsam über den Verlust des Kalbes, des Topfes und des Fleisches zu trösten. Das eigentliche Thema des Kälberbrütens ist der Geschlechterkampf, dargestellt als »verkehrte Welt«, in der die »böse« Frau die Hosen anhat und der Mann sich unterordnet. Es soll gezeigt werden, daß in einer derart verkehrten Welt nichts gelingen und gedeihen kann. Die Lasterhaftigkeit der ganzen Szene kommt nicht zuletzt darin zum Ausdruck, daß das Paar das am Morgen eingenommene Geld abends vertrinkt.

Obwohl es Hans Sachs um das Sinnbild, nicht um das Abbild ging, so hat er dennoch nicht darauf verzichtet, die Szene realistisch auszumalen. Im Gedicht nennt er das Dorf »Poppenreuth«: das ist kein Phantasiename, sondern der Name eines Dorfes im Norden Nürnbergs. Ebenso realistisch und zutreffend ist der Marktgang der Bäuerin. Die Verkehrung der Geschlechterrollen von Mann und Frau dagegen folgt dem Muster der Gegenbildlichkeit, ausgehend von der negativen Zeichnung der Frau als »böser Frau«, einem Stereotyp, das bis heute Bestandteil der Vorurteilsstruktur geblieben ist. Wenn man aber Literatur als historische Quelle nutzbar machen will, muß ihren spezifischen Aussagemöglichkeiten entsprechend der Realitäts-Begriff erweitert werden: Realität sind eben nicht nur »Realien« (Sachkultur) und »Verhältnisse«, sondern auch die Bilder und Vorstellungen in den Köpfen der Menschen. Allerdings müssen diese Schichten von Realitäten klar herausgearbeitet und voneinander abgehoben werden. Nicht unerwähnt darf bleiben, daß die von der Ständedidaxe bevorzugte Ansiedlung der Gegenbildlichkeit im Dorf und ihre Personifizierung im Bauern, obwohl nicht als Abbild gemeint, dennoch ein negatives Bild vom Bauern im gesellschaftlichen Bewußtsein festgeschrieben haben, das auf uns bauernfeindlich wirkt und in den Auseinandersetzungen zwischen Bauern und Herren tatsächlich von den Herren in der Charakterisierung der Bauern als »böse« und »tückisch« argumentativ eingesetzt wurde.

Die Bauern selbst kamen in der *literarischen* Ständedidaxe nicht zu Wort. Doch übten sie ebenso wie Adel und Bürger Ständekritik und benutzten z.T. ähnliche Mittel. Im Zusammenhang mit dem englischen Bauernaufstand von 1381 erscheint der bekannte Vers

> Als Adam grub und Eva spann,
> wo war denn da der Edelmann?

Der Rückgriff auf die Bibel zeigt den gesunden Menschenverstand der Bauern und ihre Fähigkeit, das, was ihnen von der Kanzel verkündet wurde, nämlich daß Gott die Menschen gleich geschaffen habe, treffend in den Konflikten mit ihren Herren vorzubringen. Selbst wenn der Vers nicht von den Bauern selbst geprägt worden sein sollte, so besaß er für sie unmittelbare Evidenz und eröffnete ihnen Handlungsmöglichkeiten gegenüber ihren Herren, ohne daß sie sich gegen die göttliche Ordnung versündigten.

Am Vorabend des Bauernkrieges von 1525 heißt es: »der bawr wirt witzig«.[11] »Witzig« (= gewitzt) drückt das Erstaunen der gelehrten Zeitgenossen darüber aus, daß die Bauern nicht mehr nur demütig um die Abschaffung von Mißständen baten, sondern ihre Stimme laut zu den anstehenden Problemen im Reich und in der Kirche vernehmen ließen. Auch wenn die Verfasser der Schriften, in denen ein Bauer seine Position im Gespräch mit Vertretern anderer Stände vertritt, nicht selbst Bauern waren, so bedeutet die Tatsache, daß die Bauern in den öffentlichen Diskurs über Reform einbezogen wurden, eine Aufwertung ihrer gesellschaftlichen Stellung. Allerdings darf angesichts dieser uns gerechter erscheinenden Sicht des Bauern die quellenkritische Haltung nicht aufgegeben werden: Auch der »witzige« Bauer ist vor allem ein *Bild* vom Bauern, das sich in der Epoche von Reichsreform und Reformation/Bauernkrieg gut zur Wiederherstellung der »guten, alten Ordnung« gebrauchen ließ. Die Bauern hatten sich das ganze 15. Jahrhundert lang nachdrücklich gegen die Verschlechterung ihrer Lage zur Wehr gesetzt und wurden daher am Ende des 15. Jahrhunderts warnend in den Verhandlungen der Reichstage erwähnt, wenn es um neue Steuerforderungen ging. Der »witzige« Bauer trägt bäuerliche Argumentationen vor und war somit als Bauer durchaus glaubhaft. Doch als *literarische* Figur ist er vor allem Vertreter der von Gott geschaffenen Ordnung, deren Einhaltung er einklagen soll. Werner Rolevinck nennt den Bauern 1472 daher »cooperator Dei«, also Mitarbeiter Gottes.[12] Er erfüllt allerdings seine Aufgabe dann am besten, wenn er demütig seine untergeordnete Stellung in der gesellschaftlichen Hierarchie erträgt: das ist Inhalt und Sinn des »Bauernlobes«. Die Ambivalenz im Bild des Bauern veranschaulicht der Ständebaum des Petrarca-Meisters aus der ersten Hälfte des 16. Jahrhunderts: Die Bauern wirken in den Wurzeln des Baumes, der die anderen Stände auf seinen Ästen trägt, sie sitzen jedoch zugleich in der Krone des Baumes und sind damit Gott am nächsten. In diesem Sinn ist die bekannte Darstellung des trauernden Bauern in Dürers Entwurf für eine Bauernkriegsgedenksäule zu beurteilen: Der trauernde Bauer ist in Analogie zum traurigen »Christus im Elend« gestaltet und betont seine besondere Gottesnähe.[13]

Es sei nicht unterschlagen, daß der Bauer auch in anderen Zusammenhängen als *cooperator Dei* auftritt. Seit der großen Pest des 14. Jahrhunderts wird der Tod als Schnitter mit der Sense dargestellt, vor dem es kein Entrinnen gibt.

Wir haben keinen Anlaß, selbstgerecht auf die Ambivalenzen im mittelalterlichen Bild des Bauern herabzusehen. Sie finden sich noch heute in unserem Sprachgebrauch, vor allem aber in Sprichwörtern. (»Der dümmste Bauer hat die dicksten Kartoffeln«.) Die Ambivalenzen wurden seit dem Mittelalter allerdings epochenspezifisch neuformuliert! Im absolutistischen Staat galt die Ambivalenz des »verstockten« und »hinterlistigen« Bauern einerseits und des besonders für das stehende Heer geeigneten Bauernsohnes andererseits; von den Aufklärern wurden die Bauern als Hemmnis des Fortschritts in der Landwirtschaft angesehen, und in der zweiten Hälfte des 19. Jahrhunderts wurde der »bodenständige« Bauer das positive Gegenbild zum »entwurzelten« Stadtbewohner. Diese Sicht findet sich noch heute in vielen Heimatmuseen, die eine heile Welt des Dorfes mit materieller Solidität und menschlicher Solidarität suggerieren.

Es fällt schwer einzusehen, daß die farbigen Schilderungen des ländlichen Lebens – insbesondere der ländlichen Feste –, daß die Szenen aus dem Herrschaftsalltag und die Schilderungen aus dem harten bäuerlichen Arbeitsjahr nur als *eine* Dimension von Realität zu verstehen sind.[14] Zweifellos enthalten die literarischen Zeugnisse Elemente von bäuerlicher Erfahrung, aber weniger im Detail, das oft jahrhundertelang unverändert blieb und daher unhistorisch sein muß, als in der gesellschaftlichen Gesamtsituation und den Konfliktkonstellationen. Ständelehre mit Anweisungen für die ständischen Abgrenzungen wurde notwendig, weil die Gesellschaft nicht eine ewige, unabänderliche göttliche Ordnung war, sondern seit dem 11. Jahrhundert in starke Bewegung geraten war: Es entstand nicht nur die Stadt als neue Lebensform, sondern auch das Dorf, es entstanden Bürger- und Dorfgemeinden, selbständig wirtschaftende Handwerker und Bauern. Neue wirtschaftliche Möglichkeiten verwischten die älteren sozialen Differenzierungskriterien »frei« und »unfrei« und forderten schließlich in der mobilisierten Gesellschaft neue Vereinbarungen über geburtsständische und berufsständische Ordnungen, die die neue Gesellschaft dann wieder als »natürlich« und »gottgegeben« erscheinen ließen. In diesen gesellschaftlichen Prozeß gehört die *Ständedidaxe,* aber auch die äußere Abgrenzung durch *Kleiderordnungen* sowie durch *Verhalten* im Alltag und dessen Verkehrung im Karneval.

Obwohl offenbar eine große Kluft zwischen den »frommen Wünschen« der »Ordnungen« und der Realität bestand, hat die zur Schau gestellte Arroganz von Adel und Bürgern gegenüber den Bauern Einfluß auf die Selbstbewertung der Bauern gehabt. Das Mißtrauen der Bauern gegenüber Zumutungen von außen hat nicht zuletzt hierin einen rationalen Kern.

II

Näher an Alltag und Mentalität der Bauern führt Johannes Boemus, der am Ausgang des Mittelalters schrieb:

»Der letzte Stand ist derer, die auf dem Lande in Dörfern und Gehöften wohnen und dasselbe bebauen und deshalb Landleute genannt werden. Ihre Lage ist ziemlich bedauernswert und hart. Sie wohnen abgesondert voneinander, demütig mit ihren Angehörigen und ihrem Viehstand. Hütten aus Lehm und Holz, wenig über die Erde emporragend und mit Stroh gedeckt sind ihre Häuser. Geringes Brot, Haferbrei oder gekochtes Gemüse ist ihre Speise, Wasser und Molken ihr Getränk. Ein leinerner Rock, ein paar Stiefel, ein brauner Hut ist ihre Kleidung. Das Volk ist jederzeit ohne Ruhe, arbeitsam, unsauber. In die nahen Städte bringt es zum Verkaufe, was es vom Acker, vom Vieh gewinnt, und kauft sich wiederum hier ein, was es bedarf; denn Handwerker wohnen keine oder nur wenige unter ihnen. In der Kirche, ... kommen sie an Festtagen vormittags alle zusammen und hören von ihrem Priester Gottes Wort und die Messe, nachmittags verhandeln sie unter der Linde oder an einem anderen öffentlichen Orte ihre Angelegenheiten, die Jüngeren tanzen darauf nach der Musik des Pfeifers, die Alten gehen in die Schenke und trinken Wein. Ohne Waffen geht kein Mann aus; sie sind für alle Fälle mit dem Schwerte umgürtet. Die einzelnen Dörfer wählen aus sich zwei oder vier Männer, die sie Bauermeister nennen, das sind die Vermittler bei Streitigkeiten und Verträgen und die Rechnungsführer der Gemeinde. Die Verwaltung aber haben nicht sie, sondern die Herren oder die Schulzen, die von jenen bestellt werden. Den Herren frohnen sie oftmals im Jahre, bauen das Feld, besäen es, ernten die Früchte, bringen sie in die Scheunen, hauen Holz, bauen Häuser, graben Gräben. Es gibt nichts, was dieses sklavische und elende Volk ihnen nicht schuldig sein soll, nichts, was es, sobald es befohlen wird, ohne Gefahr zu tun verweigert: der Schuldige wird streng bestraft. Aber am härtesten ist es für die Leute, daß der größte Teil der Güter, die sie besitzen, nicht ihnen, sondern den Herren gehört, und daß sie sich durch einen bestimmten Teil der Ernte jedes Jahr von ihnen loskaufen müssen.«[15]

Der Gelehrte malte das bäuerliche Leben in den dunkelsten Farben, die nur mit dem Hinweis auf den Sonntag, die gemeindliche Gerichtsbarkeit unter der Linde, den Tanz der Jungen und das Weintrinken der Alten ein paar helle Töne erhielten. Immerhin betont Boemus, daß den Bauern die grundherrliche Abhängigkeit besonders verhaßt sei. Damit benennt er einen zentralen Zug von bäuerlicher Lebenserfahrung: nicht *Arbeit* verleidete ihnen das Leben, sondern *Herrschaft* und *Demütigung.*

Was die Beschreibung des Bauernhauses angeht, so belehren uns

Dürers Bilder und Zeichnungen eines besseren: Die Baumaterialien »stimmen«, es handelt sich um Fachwerkbau, doch können Fachwerkhäuser nur im Vergleich mit »Palästen« als »Hütte« bezeichnet werden. Für Ernährung und Kleidung gibt Boemus eher ein Minimum an, denn die gleichzeitigen Kleiderordnungen und die Informationen über die Verköstigung des Gesindes verweisen auf viel höhere Standards. Wichtig ist der Hinweis auf die Marktverbundenheit der Bauern, wenngleich die pauschale Aussage, daß es in den Dörfern keine oder nur ganz wenige Handwerker gebe, falsch ist. Insgesamt macht Boemus eine eher idealtypische Unterscheidung von Stadt und Dorf, von Bürger und Bauer. Bei der Darstellung der bäuerlichen Abhängigkeit von den Herren bleibt er ganz einseitig. Zwar überliefern herrschaftliche Abgabeverzeichnisse (»Urbare«) minutiös alle Forderungen an die Bauern, aber die »Weistümer« belegen, daß die Bauern in vielen Herrschaften, vertreten durch ihre Ältesten, entscheidend daran mitwirkten, die herrschaftlichen von den bäuerlichen Rechten zu sondern und damit ihre Rechte zu wahren.[16] Nicht zuletzt dokumentiert die von Boemus erwähnte Gemeinde bäuerliche Selbständigkeit und Kompetenz in rechtlichen und finanziellen Angelegenheiten, die die Bauern der Herrschaft meist in beharrlichem Bemühen abgetrotzt hatten.

Herrschaftsbeziehungen und Marktbeziehungen gehörten zweifellos zu den konstituierenden Rahmenbedingungen für das Leben spätmittelalterlicher Bauern, aber ihr eigentlicher Lebensbereich war der Hof, eingebunden in das Dorf oder eine Gehöftegruppe, in die lokale Gemeinde oder – bei Streusiedlungen – in die meist überlokale Pfarrgemeinde. Diese Lebensbereiche waren weiter gegliedert: es machte einen großen Unterschied, ob man einen kleinen oder großen Hof besaß, ob man überwiegend Getreide anbaute oder Viehzucht betrieb, ob man sich von einer Sonderkultur, wie dem Weinbau, ernähren konnte, ob man ein gutes oder schlechtes Besitzrecht (erblich – nichterblich, kurzfristige – langfristige Pachtverträge) besaß. Anders als die literarische Projektion, die von *dem Bauern* spricht, lassen die erhaltenen Akten der herrschaftlichen und gemeindlichen Verwaltung und Gerichtsbarkeit diese Vereinfachung nicht zu. Sie dokumentieren eine Vielfalt von bäuerlichen Lebensmöglichkeiten, die in der Auseinandersetzung mit der Natur, mit der jeweiligen Herrschaft und den säkularen Veränderungen der Wirtschaft gefunden wurden. Sie sind z.T. an Regionen gebunden und verändern sich mit der Gesamtgesellschaft. Sie finden sich jedoch auch innerhalb einer lokalen Gemeinde: die Nachbarn können verschiedenen Grundherrschaften angehören und sind in der Regel wirtschaftlich und rechtlich unterschiedlich gut ausgestattet. Die innere soziale Differenzierung der bäuerlichen Gemeinden, die im 15. Jahrhundert in neuer Weise arm und reich polarisierte, spielte auch im Bauernkrieg eine Rolle. Es ist kein Zufall, daß die Führer der Bauern meist aus der dörflichen »Ehrbarkeit« stammten, d.h. aus Familien, die zu den lokalen Amtsträgern der Gemeinde und der Herrschaft gehörten, oder aus Familien, die wirtschaftlich eine Sonderstellung im Dorf einnahmen, wie z.B. Müller, Gastwirte, Handwerker.[17] Das bedeutet zugleich, daß es nicht angeht, von *der* »bäuerlichen Mentalität« zu sprechen. Ich möchte jedoch auf diese Unterschiede nicht weiter eingehen, sondern der allgemeineren Frage nachgehen, ob und inwieweit sich Alltag und Mentalität spätmittelalterlicher Bauern von Alltag und Mentalität insbesondere der Bürger unterschieden.

Bei den folgenden Ausführungen gehe ich von einem Mentalitätsbegriff aus, der nicht – wie in der heutigen Umgangssprache – eine statische Aussage über Menschen und Menschengruppen macht. Im Mittelalter stehen Mentalitäten meines Erachtens in Zusammenhang mit Erfahrungen, die generalisierbar sind, deshalb tradierbar werden und eine Verhaltenssicherheit in einer unsicheren Welt, zu deren Beherrschung noch keine entwickelte Wissenschaft und Technologie zur Verfügung stand, darstellten. Daher wähle ich einige Dimensionen des bäuerlichen Lebensbereichs aus, um bäuerliche Mentalitäten und deren Rationalität erkennbar zu machen.

Womit mußten sich alle Bauern auseinandersetzen und welche Formen der Bewältigung des Alltags haben sie entwickelt?

Beherrschend war ihre Naturabhängigkeit, ihre Abhängigkeit von der Fruchtbarkeit des Bodens und den Unbilden des Wetters. Die Möglichkeiten der Naturbeherrschung waren begrenzt: Die Bearbeitung des Bodens erforderte viele Arbeitsgänge mit Pflug und Egge, nicht zuletzt, um des Unkrauts Herr zu werden. Ein weiteres Hauptproblem war die Wiederherstellung oder Erhaltung der natürlichen Fruchtbarkeit, da man auf natürliche Düngemöglichkeiten beschränkt war und das Vieh nur während des Winters im Stall gehalten wurde, so daß wenig Dung anfiel. Diesem Problem trug die weit verbreitete Dreifelderwirtschaft Rechnung, also ein Wechsel der Bebauung und der Fruchtfolge, nach der jedes Feld nach zwei Jahren Bebauung ein

Jahr brach lag, »sich ausruhte« und dem Vieh zur Weide diente. Aber gegenüber Mäusefraß und Heuschrecken wie gegenüber Hagel, Dürre, Nässe, Kälte und Hitze waren die Bauern machtlos.

Die Dreifelderwirtschaft erforderte ein hohes Maß an Arbeitsorganisation in den Dörfern. Jedes Jahr mußten die Felder und die für die Heugewinnung geeigneten Wiesen durch Zäune von den anderen Flächen, die der Viehweide dienten, geschützt werden. Die Feldarbeiten: Pflügen, Eggen, Säen, Ernten konnten nicht individuell durchgeführt werden, weil die Äcker eines Bauern keine eigene Zufahrt hatten. Daher mußten Beginn und Ende der jeweiligen Arbeiten von der Gemeinde beschlossen werden. Die Aufrechterhaltung der Dreifelderwirtschaft war äußerst konfliktbeladen, denn immer wieder hielten sich einzelne Bauern nicht an die gemeinsam gefaßten Beschlüsse und fuhren z.B. einfach über eine kostbare Heuwiese und verminderten damit die Ernte des Nachbarn, oder sie hielten ihre Zäune nicht in Ordnung, so daß Gänse, Schweine und Hühner in den Getreidefeldern weideten. Diese zunächst banal erscheinenden Konflikte verweisen auf die Notwendigkeit, die begrenzten Wirtschaftsflächen des Dorfes möglichst rational zu nutzen, und das bedeutete unter den Bedingungen der spätmittelalterlichen Agrarwirtschaft, die Flurordnung zu schützen. Weil es keine Polizei gab, war jeder Nachbar dafür verantwortlich: Fand er z.B. Gänse in seinem Feld, konnte er sie pfänden, und der Besitzer mußte sie wieder einlösen. Dieses System funktionierte, weil der Verlust von Federvieh insofern für die bäuerliche Wirtschaft sehr schmerzlich war, als es zur marktgängigen Ware gehörte und den Bauern zwischen den Ernten das notwendige Bargeld verschaffte. Nicht ganz so handgreiflich wie das Pfänden war das allgemein übliche Rügeverfahren: d.h. jeder im Dorf, der einen anderen beim Übertreten der Dorf- und Flurordnung beobachtete, mußte dies vor dem Dorfgericht »rügen« (anzeigen).

Die Bauern waren nicht nur in komplexe Herrschafts- und Marktbeziehungen eingebunden, sondern, wie die Erläuterung der Dreifelderwirtschaft zeigt, auch in ihrem engsten Lebensbereich einer Vielzahl von wirtschaftlichen und sozialen Regelungen unterworfen, die den einzelnen beschränkten. Das Leben der Bauern war also nicht das einfache Landleben, ihre Welt war nicht klein, überschaubar und ohne weiteres beherrschbar, sondern vielfach verflochten mit Stadt und Burg und bedroht von den Unbilden der Natur, den Schwankungen der Agrarpreise und herrschaftlicher Willkür.

III

Dies ist der »alltägliche« Erfahrungshintergrund für »bäuerliche Mentalitäten«, für bäuerliche Einstellungen zu »Gott und Welt«, die sich aus ihrem *Verhalten* gegenüber Herrschaft, Gemeinde und Natur erkennen lassen. Da bäuerliches Verhalten in den herrschaftlichen Akten, aber auch in gemeindlichen Aufzeichnungen, dokumentiert ist, ist es begrenzt möglich, die fehlenden bäuerlichen Selbstzeugnisse zu ihrer Weltsicht und ihren Rationalitäten bei der Daseinsbewältigung zu ersetzen. Methodische Hilfestellung zur Interpretation dieses Materials haben die Historiker dabei von der Kultur- und Sozialanthropologie erhalten, die durch die »teilnehmende Beobachtung« heutiger ländlicher Gesellschaften Einblicke in deren Denkweisen gewinnen, die aufgrund des historischen Quellenmaterials für die Bauern des Spätmittelalters nicht sofort ins Auge springen. Daher spricht man von »Dekodierung« der Quellensprache und von der »Entschlüsselung« des von den Handelnden gemeinten Sinns. Zudem gibt es eine »historische Verhaltensforschung«, die Verhalten und Körpersprache im jeweiligen historisch-kulturellen Kontext analysiert.

Die bäuerliche Mentalität wird meist als »konservativ« gekennzeichnet, also als »beharrend«, wenn nicht gar als »rückwärtsgewandt«. Diese einfache Gleichsetzung löst sich für spätmittelalterliche Bauern auf, wenn man die verschiedenen Formen ihrer Auseinandersetzung mit Herrschaft, Gemeinde und Natur untersucht: aktive und beharrliche Widerständigkeit gegenüber herrschaftlichen Ansprüchen, selbstbewußte Gemeindepolitik und im religiösen Verhalten ausgesprochen handlungsorientiert und keineswegs quietistisch, wie noch zu zeigen sein wird. Bäuerliches Handeln läßt sich mit A. E. Imhof als »Streben nach Stabilität«[18] bezeichnen, das darauf gerichtet war, in einer sich rasch verändernden Gesellschaft die eigene Position zu behaupten. Die Bauern erstreben vor allem die Erweiterung ihrer wirtschaftlichen und politischen Selbstbestimmung. Das heißt, »Streben nach Stabilität« ist für das späte Mittelalter nicht als »konservativ« zu interpretieren, sondern als eine bäuerliche Utopie vom »guten Leben«. Dieses Selbstverständnis fußt auf der gesellschaftlichen Entwicklung seit dem 12. Jahrhundert, der die Bauern ihren Aufstieg (wirtschaftliche Verselbständigung und lokale Gemeindebildung) verdankten, es stand aber in Widerspruch zu den gleichzeitigen Tendenzen der Zentralisierung von Herrschaft. Doch kann diese aus der

Retrospektive gewonnene Einsicht in den historischen Prozeß nicht gegen den Weltentwurf der Bauern gewendet werden.

Die folgenden Beispiele sollen diese Thesen zu »bäuerlichen Mentalitäten« erläutern.

Woher nahmen die Bauern den Mut, den Zumutungen ihrer vielen Herren zu trotzen? Es war nicht der »Mut der Verzweiflung«, sondern das klare Bewußtsein, unrechtmäßig behandelt zu werden. Mit der Berufung auf das »gute alte Recht«, seit dem 15. Jh. auch auf das »göttliche Recht«, leisteten die Bauern Widerstand, und zwar legitimen Widerstand. Die Beziehung zwischen Bauern und Herren erscheint zwar als Über- und Unterordnung, doch zugleich wurde sie als eine gegenseitige Beziehung vorgestellt, als ein System von wechselseitigen Verpflichtungen und Ansprüchen (Reziprozität). Wenn die Herren ihren Verpflichtungen nachkamen oder einseitig eine Veränderung vornahmen, konnten die Bauern auf ihr Recht pochen und ihr Recht einklagen. Sie taten dies demütig und friedlich auf dem Beschwerdeweg, aber auch mit handgreiflicher Unterstützung bis hin zur militärischen Auseinandersetzung im Bauernkrieg von 1525.

Die Rechtsidee, die durch die Bezeichnung als »göttliches Recht« überhöht wurde, spielte nicht nur im Verhältnis Bauern–Herren eine Rolle. Sie war ebenso grundlegend für die Regulierung der Beziehungen unter den Bauern im Dorf und in der Gemeinde. Die bäuerlichen Nachbarn bildeten einen rechtlichen Verband, die *Gemeinde,* die nach außen als juristische Person auftrat und im Innern durch eigene Rechtsetzung *(Satzung)* das Zusammenleben und Zusammenwirtschaften regelte. Das Dorfgericht folgte einem peinlich eingehaltenen Ritual, das ausschlaggebend für die Gültigkeit der gefundenen Urteile war. Die Wahrung des Rechts, des dörflichen Friedens und der guten Nachbarschaft war eine heilige – sakrale – Handlung. Sie wurde zugleich als Verpflichtung gegenüber Gott angesehen, der die Gemeinde für Fehlverhalten einzelner verantwortlich machte, d.h. die gesamte Gemeinde z.B. durch ein Unwetter, das die Ernte vernichtet, bestrafte. Diese Vorstellung von den Ursachen des Übels in der Welt spielte nicht zuletzt bei den Hexenanklagen, die von einzelnen Gemeindemitgliedern oder der gesamten Gemeinde ausgingen, eine wichtige Rolle.

Die Gemeinde war nicht nur eine Institution, sondern auch ein *politischer Verband,* der allein wirksame Aktionen der Bauern organisieren konnte, denn ein einzelner Bauer war machtlos. Häufig wurden jedoch bei Aktionen gegen die Herren spontan neue Gemeinden gebildet, die sogenannten »Einungen«, in denen sich die Bauern durch einen Schwur untereinander verbanden. »Einung« als historisch-politischer Begriff ist untergegangen, während »Verschwörungen«, also die ängstliche und zugleich diffamierende Sicht der Herren und Obrigkeiten, bis heute im Sprachgebrauch geblieben ist.

Gemeinde als *sozialer Verband* erklärt besonders anschaulich bäuerliche Lebensprobleme und ihre Lösungen. »Gemeinde« mußte nämlich immer wieder hergestellt werden, weil die einzelnen gegen die Regeln des Zusammenlebens und Zusammenwirtschaftens verstoßen hatten. Die »Verbrecher« wurden zu Bier- oder Weinbußen verurteilt, die jährlich von der ganzen Gemeinde vertrunken wurden. Diese von den Obrigkeiten stets getadelten »Trinkereien« und »Gelage« hatten die Funktion, die Übeltäter wieder in die Dorfgemeinschaft aufzunehmen, eine Gemeinschaft, zu der selbstverständlich auch die Frauen gehörten.

Überhaupt wurde Gemeinsamkeit im Dorf immer wieder durch gemeinsames Essen und Trinken hergestellt und bekräftigt: z.B. durch die Mahlzeiten, zu denen eine Wöchnerin ihre Nachbarinnen, d.h. die verheirateten Frauen, einlud, und durch die gemeinsamen Essen der Jugendlichen an bestimmten Tagen, wie dies z.B. im Prozeß der Jeanne d'Arc aus der ersten Hälfte des 15. Jahrhunderts überliefert ist. Befragt nach dem »Baum der Feen« machte die achtzigjährige Witwe Beatrice Estellin folgende Aussage: »Jedes Jahr am Sonntag Laetare gehen die Mädchen und Knaben des Dorfes singen und tanzen unter dem Baum. Sie halten ihre Mahlzeit dort und kehren über die Quelle bei Groseillier, woraus sie Wasser trinken, zurück. Und wenn der Pfarrer am Vortag von Christi Himmelfahrt das Kreuz durch die Felder trägt, dann geht er auch zu dem Baum und singt dort das Evangelium und dann geht er zu der Quelle bei Groseillier und zu den anderen Quellen, um auch dort das Evangelium zu singen.«[19] Diese Aussage verweist eindeutig auf die vorchristlichen Ursprünge der gemeinsamen Mahlzeiten an bestimmten Orten und zu bestimmten Jahreszeiten, die die Kirche in ihr Kirchenjahr einbaute und damit zu verchristlichen suchte.

Die *Tischgemeinschaft* symbolisierte den sozialen Zusammenhalt der »guten Nachbarschaft« in »Freud und Leid«. Tischgemeinschaft bestand nicht zuletzt in den einzelnen Haushalten, wenngleich Sitz- und Stehordnung sowie die Reihenfolge, in der Hausherr/Hausfrau,

Gesinde und Kinder aus der gemeinsamen Schüssel löffeln durften, zugleich die Hierarchie innerhalb des Haushalts dokumentierten.

Das Verständnis für die Bedeutung gemeinsamen Essens und Trinkens war uns verloren gegangen. Erst die Bürgerinitiativen haben die Sinnhaftigkeit der Tischgemeinschaften wieder entdeckt und in den Straßenfesten, Stadtteilfesten wiederbelebt.

Noch größer ist unser Unverständnis gegenüber dem bäuerlichen Verhalten zur Religion. Meist übernehmen wir unbedenklich die geläufige Formel vom »bäuerlichen Aberglauben«, weil vieles im Volksglauben ganz und gar abstrus erscheint. Wir machen uns nicht klar, daß dies die Position der Kirche ist, die selbstverständlich alle religiösen Handlungen ablehnen muß, die nicht unmittelbar auf den christlichen Glauben zurückgehen.

Der unablässige Kampf der Kirche gegen den »Aberglauben« läßt sich von der Christianisierung im frühen und hohen Mittelalter bis in das 19. Jahrhundert verfolgen. Sie wetterte gegen Zauber in den verschiedensten Formen: Liebes- und Fruchtbarkeitszauber, Milch- und Butterzauber, Wetterzauber, Wahrsagen, Heil- und Schadenszauber. Im Zeitalter der Glaubensspaltung kamen noch die »abgöttischen« Glaubensvorstellungen, Riten und Zeremonien der jeweils anderen Konfessionen hinzu. Nichtsdestoweniger hat sich die Magie bis ins 19. Jahrhundert nicht aus dem Alltagshandeln verdrängen lassen, sonst wären die zahlreichen Aufzeichnungen von Zaubersprüchen für alle Lebenslagen und von volksmedizinischen Behandlungen nicht entstanden.

Warum haben sich trotz aller kirchlicher Bemühungen, zu denen seit dem 15. Jahrhundert noch das Instrument der Hexenprozesse kam, magische, vorchristliche und christliche Glaubensvorstellungen und kosmologische Weltsicht so lange im Volksglauben halten und verbinden können? Als Erklärung bietet sich meines Erachtens die geschilderte Komplexität der bäuerlichen Lebenswelt an, die allein mit den Angeboten der christlichen Kirche nicht zu bewältigen war. Die christliche Religion stellt die Welt als Schöpfung Gottes dar, unterwirft sie ganz seinem Willen. Die Menschen müssen im Prinzip alles, was ihnen geschieht, als gottgewollt hinnehmen und in Demut tragen. Aber diese Haltung fiel den Bauern schwer. Sie blieben daher bei den ihnen vertrauten Mitteln, ihr Unglück zu wenden und die Zukunft günstig zu beeinflussen. Die Bauern erfüllten wohl ihre Pflicht gegenüber dem christlichen Gott, wenngleich sie im Kirchgang nicht sonderlich eifrig waren, vielmehr eher dazu angehalten werden mußten. Mehr Vertrauen hatten sie zur Gottesmutter Maria und den Heiligen, die ihnen aufgrund ihrer besonderen Gottnähe durch die Fürsprache bei Gott aus der Not helfen oder sie vor Not bewahren konnten. Gleichzeitig wandten sie sich jedoch weiterhin an heilkundige Frauen und Männer, an Zauberer und Zauberinnen, an Segner und Schwarzkünstler. Aus der Perspektive der Bauern machte es tatsächlich Sinn, die Sonn- und Feiertage christlich und den Alltag vorchristlich/magisch zu gestalten, weil mit der institutionalisierten Hochreligion und der Magie zusammengenommen die Ungewißheiten und Unwägbarkeiten des täglichen Lebens leichter zu ertragen waren. Die Bauern griffen also nach allen erreichbaren Strategien, um ihr Überleben und Fortleben zu garantieren.

Der Einfluß des Volksglaubens erstreckte sich auf alle Lebensbereiche einschließlich des Sterbens und der Beziehungen zu den Toten. Kirchlich und weltlich, heilig und profan lassen sich nicht in der uns gewohnten Weise voneinander trennen, sondern durchdrangen sich. Bei der Besprechung der bäuerlichen Rechtsidee habe ich bereits auf die Heiligkeit des Rechts hingewiesen, die durch rituelles Verhalten symbolisiert wurde. Gleiches gilt für den Gottesdienst: Maßgebend war der Kirchgang, die jährliche Beichte und Kommunion, also das äußere Bekennen, nicht die innere Überzeugung. Die Kirche selbst unterstützte dieses Verhalten, indem sie öffentliche Kirchenbußen, Prozessionen und Wallfahrten in den christlichen »Gottesdienst« aufnahm. Nicht zuletzt hat die intensive Untersuchung des Bauernkrieges von 1525 und der bäuerlichen Widerstandsbewegungen in den letzten zehn Jahren die Verflechtung von Heiligem und Weltlichem sowie die große Rolle von Ritualen zutage gebracht. Die widerständigen Handlungen waren keineswegs »anarchisch« und ungezügelt, wie immer noch unterstellt wird. Vielmehr stand am Beginn die »Einung«, die rituell als neue Gemeinde gebildet wurde und von den »Eingeschworenen« als Bindung und Kontrolle, als *Ordnung,* für die Zeit des Widerstandes verstanden wurde.

Am deutlichsten wird die rituelle Durchdringung des gesamten Lebens am Beispiel »Arbeit«, die heute im allgemeinen Bewußtsein ausschließlich zweckrational zur Profitmaximierung konstruiert wird. Bäuerliche Arbeit ließ und läßt sich nicht tayloristisch zerlegen und automatisieren, sie läßt sich bestenfalls mechanisieren, aber auch erst seit der zweiten Hälfte des 19. Jahrhunderts. Da das Resultat bäuerlicher Arbeit bis in das 19. Jahrhundert hinein tatsächlich grundlegend für das Überleben war, kam es darauf an, das Ergebnis durch entsprechende Rituale zu sichern, wenn nicht gar herbeizuzwingen. Wenn der Erfolg ausblieb, dann war dies auch als Fehler im Ritual erklärbar. Das Ritual begann morgens mit dem »rechten-Fuß-Aufstehen« und endete abends mit dem Nachtgebet und Maßnahmen zur Dämonenabwehr: es umfaßte »richtiges« Verhalten gegenüber Mitmenschen und Natur, insbesondere gegenüber den Haustieren einschließlich Hund und Katze; nicht zuletzt verlangten die Toten ihr Recht, weil sie sonst aus »Neid« auf die Lebenden deren Leben erschwerten. Nur so ist es auch zu erklären, daß die Gegenstände des Hausrats eine funktionale *und* eine magische Zuschreibung besaßen: Mit dem Besen wurde das Haus gesäubert, zugleich jedoch die bösen Geister zusammengefegt und mit dem Kehricht aus dem Haus, d. h. vor die Schwelle, geworfen, die eine magische Grenze zwischen dem Haus als Schutzraum und der feindlichen Außenwelt bildete. Die Töpfe dienten der Aufbewahrung und Zubereitung von Lebensmitteln und Speisen; wurden sie aber mit einem Gebräu aus Kröten, Schlangen und Kräutern gefüllt und mit entsprechenden Zaubersprüchen unter der Pforte oder Schwelle desjenigen vergraben, dem ein Schaden zugefügt werden sollte, konnten sie den Tod bringen. Diese wenigen Beispiele, die aus den Aussagen von der Zauberei beschuldigter Frauen, aus archäologischen Funden und aufgezeichnetem Volksglauben vielfach belegbar sind,[20] zeigen, daß offenbar gerade der »Trivialbereich« (G. Tellenbach), den Historiker immer noch als überzeitlich und geistlos, und daher »unhistorisch«, abtun, für die Arbeitenden selbst mit Sinn und Bedeutung beladen, wenn nicht gar überfrachtet war.

Begrifflich läßt sich die Verwobenheit von dem, was wir als sakral und profan, als heilig und weltlich, als individuell und sozial auseinanderdividieren, noch klarer am Begriffswandel von »frumkeit« zum modernen Verständnis von »Frömmigkeit« fassen. Wiederum zeigt Hans Sachs im einzelnen, welche *Tugenden,* d.h. Verhaltensformen, erforderlich waren, um als »frommes« Mitglied der bürgerlichen und bäuerlichen Gemeinde akzeptabel zu sein.

»Frümkeit ist ghorsam und demütig,
Diensthafft, holdtselig, trew und gütig.
Friedtlich, freundtlich, milt und mitsam.
Redtlich, auffrichtig und sitsam.
Stil, warhafft, verschwiegen, genügsam,

Bescheiden, senfftmütig, gerügsam,
Messig und züchtig alle zeyt.«[21]

»Ehre« dagegen wird definiert im Hinblick auf einen bestimmten »Stand« innerhalb der Gesellschaft[22] und darf nicht mit *frumkeit* verwechselt werden. Allerdings, *frumkeit* und *Ehre* gemeinsam definierten objektiv und subjektiv das vollwertige Mitglied der spätmittelalterlichen Gemeinde. Beide waren fundamental für das Überleben in der spätmittelalterlichen Gesellschaft und für die Frühe Neuzeit bis zum Ende des Dreißigjährigen Krieges, wie wiederum die Hexenprozesse belegen. Zaubereianklagen waren zunächst eine Infragestellung der Integrität der beklagten Person. Wer sich nicht mit Rechtsmitteln dagegen zur Wehr setzte, verlor seine Ehre. Dies erklärt, daß primär solche Frauen und Männer von Zaubereianklagen bedroht waren, die einen »schlechten Ruf« genossen, d. h. deren frumkeit und Ehre in Zweifel gezogen werden konnten.

Ich komme auf die Ausgangsfrage zurück: Gibt es eine typisch bäuerliche Mentalität? Meine Antwort lautet: ja, allerdings mit der Einschränkung, daß man dabei die gemeinsamen Rahmenbedingungen für alle Stände in einer *vorindustriellen Agrargesellschaft* nicht aus dem Auge verliert. Es gab gemeinsame Erfahrungen und Werte für Adel, Geistlichkeit, Bürger und Bauern, nämlich die Heiligkeit des Rechts, das Prinzip der Reziprozität in der Verteilung und Zirkulation der materiellen und immateriellen Güter, schließlich das Prinzip Gemeinde. Besonderheiten bäuerlicher Mentalitäten sehe ich in der spezifischen Herrschaftserfahrung und der radikalen Naturabhängigkeit der Bauern, die sich in der tendentiellen Abwehr aller Einflußnahmen von außen und in ihrer ritualisierten Lebensweise abbildete. Obwohl die *agrarische Orientierung* für die gesamte Gesellschaft bezeichnend war,[23] da weltliche, geistliche und bürgerliche Grundherren ebenso wie die Bauern vom Ertrag der Landwirtschaft abhingen und das Marktgeschehen der Stadtwirtschaft wesentlich von den Terminen des bäuerlichen Arbeitsjahres bestimmt wurde, gab es für Handwerker, Kaufleute und Adel daneben andere nicht-agrarische Orientierungen. Daher erklärt sich der distanzierte Blick von Stadt und Burg/Schloß auf die Bauern. Was zunächst als Abgrenzungsstrategie im literarischen Bild vom »dummen« und vom »schlauen« Bauern fixiert worden war, wurde schließlich als »objektive«, d. h. zutreffende Beschreibung aufgefaßt. Dies drückt das zunehmende Unverständnis der Eliten gegenüber der bäuerlichen Lebenswelt in der ständischen Agrargesellschaft der Frühen Neuzeit aus.

Anmerkungen

1 John Margetts, Das Bauerntum in der Literatur und in der Wirklichkeit bei Neidhart und in den Neidhart-Spielen, in: Wolfgang Harms u. a. (Hg.), Deutsche Literatur des späten Mittelalters, Berlin 1975, S. 153–163; Hedda Ragotzky, Der Bauer in der Narrenrolle. Zur Funktion »verkehrter Welt« im frühen Nürnberger Fastnachtspiel, in: Horst Wenzel (Hg.), Typus und Individualität im Mittelalter, München 1983, S. 77–102; Werner Rökke, Bilder vom Bauern, vom Untergang und vom glücklichen Landleben. Zum Verhältnis von Individuum und Gesellschaft in Johann Fischarts »Fürtreffliches artliches Lob / deß Landlustes / Mayersmut und lustigen Feldbaumans leben« und in Heinrich Wittenwilers »Ring«, in: Horst Wenzel (Hg.), Typus und Individualität, S. 103–122.

2 Hans Rosenplüt, Der Bauer und der Bock, in: Dieter Wuttke/Walter Wuttke (Hg.), Fastnachtspiele des 15. und 16. Jahrhunderts, 2. verbesserte und ergänzte Auflage, Stuttgart 1978, S. 13–20.

3 So Otto Borst, Alltagsleben im Mittelalter, Kap. 4: Der tumpe gebûr, Frankfurt a. M. 1983.

4 Otto Gerhard Oexle, Die funktionale Dreiteilung der ›Gesellschaft‹ bei Adalbero von Laon. Deutungsschemata der sozialen Wirklichkeit im früheren Mittelalter, in: Frühmittelalterliche Studien 12 (1978), S. 1–54.

5 Werner Conze, »Arbeit«, in: Otto Brunner u. a. (Hg.), Geschichtliche Grundbegriffe, Bd. 1, Stuttgart 1972, S. 154–215; vgl. auch die Artikel ›Arbeit‹ im Lexikon des Mittelalters und in der Theologischen Realenzyklopädie.

6 Wilhelm Schlink, Das mittelalterliche Hausbuch von Wolfegg. Taten und Leiden der Planetenkinder, in: Journal für Geschichte, 5 (1983), H. 6, S. 22–26.

7 Horst Wenzel, Neidhart. Der häßliche Sänger. Zur Ich-Darstellung in den Winterliedern 6 und 11, in: ders. (Hg.), Typus und Individualität, S. 45–76.

8 Johannes Janota, Städter und Bauern in literarischen Quellen des Spätmittelalters, in: Die Alte Stadt 6 (1979), S. 225–242; Ursula Peters, Literatur in der Stadt, Tübingen 1983.

9 Kurt Ruh, Heinrich Wittenwilers »Ring«, in: Erich Hubala/Gunter Schweikhart (Hg.), Festschrift f. Herbert Siebenhuener, Würzburg 1978, S. 59–70.

10 Hans Sachs, Meistergesänge, Fastnachtspiele, Schwänke, hg. v. Eugen Geiger, Stuttgart 1982, S. 69–71; Dieter Wuttke/Walter Wuttke (Hg.), Fastnachtspiele, S. 131–147; Barbara Könneker, Die Ehemoral in den

Fastnachtspielen von Hans Sachs. Zum Funktionswandel des Nürnberger Fastnachtspiels im 16. Jahrhundert, in: Hans Sachs und Nürnberg. Bedingungen und Probleme reichsstädtischer Literatur. Hans Sachs zum 400. Todestag am 19. Januar 1976, hg. v. Horst Brunner u. a., Nürnberg 1976, S. 219–244.

11 Günther Franz, Der deutsche Bauernkrieg, 10. verbesserte und erweiterte Auflage, Darmstadt 1975, S. 88; Helmut Brackert, Bauernkrieg und Literatur, Frankfurt a. M. 1975, S. 32; zu »Karsthans« und Eberlin von Günzburg s. Barbara Könneker, Die deutsche Literatur der Reformationszeit, München 1975, S. 100–116.

12 Werner Rolevinck, De regimine rusticorum, hg. v. Erich Holzapfel, Basel/Wien 1959 (lateinisch und deutsch); Siegfried Epperlein, Der Bauer im Bild des Mittelalters, Leipzig/Jena/Berlin 1975, S. 124f.

13 Wilhelm Fraenger, Dürers Gedächtnissäule für den Bauernkrieg, in: Albrecht Dürer. Die künstlerische Entwicklung eines großen Meisters, hrsg. v. Gerhard Pommeranz-Liedtke Berlin 1954, S. 85–98; Der Mensch um 1500, Ausstellungskatalog, Berlin ²1977, Abb. 3: Christus im Elend, von Hans Leinberger (um 1525), Text S. 25–31.

14 Helga Schüppert, Der Bauer in der deutschen Literatur des Spätmittelalters – Topik und Realitätsbezug, in: Bäuerliche Sachkultur des Spätmittelalters. Internationaler Kongreß Krems an der Donau 21. bis 24. Sept. 1982, vorgelegt v. H. Appelt, Wien 1984, S. 125–176.

15 Günther Franz (Hg.), Quellen zur Geschichte des deutschen Bauernstandes in der Neuzeit, Darmstadt ²1963, S. 2–4.

16 Karl Siegfried Bader, Dorfgenossenschaft und Dorfgemeinde, Wien/Köln/Graz ²1974.

17 Günther Franz, Die Führer im Bauernkrieg, in: ders. (Hg.), Bauernschaft und Bauernstand 1500–1970, Limburg (Lahn) 1975, S. 1–15.

18 Arthur E. Imhof, Die verlorenen Welten. Alltagsbewältigung durch unsere Vorfahren – und weshalb wir uns heute so schwer damit tun... München 1984.

19 Der Prozeß Jeanne d'Arc. Akten und Protokolle 1431–1456, übersetzt und hg. v. Ruth Schirmer-Imhoff, München ³1978, S. 134.

20 Als unentbehrliches Hilfsmittel erweist sich das Handwörterbuch des deutschen Aberglaubens, hg. von Hanns Bächtold-Stäubli, 10 Bde Berlin/Leipzig 1927–1942.

21 Zitiert nach Barbara Könneker, Ehemoral, S. 235.

22 Ferdinand Zunkel, »Ehre«, in: O. Brunner u. a. (Hg.), Geschichtliche Grundbegriffe, Bd. 2, Stuttgart 1975, S. 1–63; Karl-Sigismund Kramer, Grundriß einer rechtlichen Volkskunde. Göttingen 1974, S. 46–60.

23 Kurt Ranke, Agrarische und bäuerliche Denk- und Verhaltensweisen im Mittelalter, in: Reinhard Wenskus u. a. (Hg.), Wort und Begriff »Bauer«, Göttingen 1975, S. 207–221.

Franz Irsigler

Kaufmannsmentalität im Mittelalter

In seiner Mirakelsammlung erzählt Caesarius von Heisterbach folgende hübsche Geschichte von zwei Kaufleuten in Köln:[1]

»Zwei Kölner Bürger beichteten unter anderm zwei Arten von Sünden, die zwar an sich sehr schwer sind, aber wegen ihrer Häufigkeit, zumal bei Kaufleuten, klein erscheinen und kaum als Sünden gelten, nämlich Lüge und Meineid. Herr, sprachen sie, wir können fast nichts kaufen noch verkaufen, ohne daß wir lügen, schwören und oft falsch schwören müssen. Der Pfarrer sagte: Das sind sehr schwere Sünden, die der Heiland verboten hat, denn er sagt selbst: Eure Rede soll sein: ja ja, nein nein. Sie antworteten: Wir können bei unseren Geschäften dies Gebot nicht beachten. Sprach der Priester: Folgt meinem Rat, und es wird euch wohlergehen. Laßt das Lügen, laßt das Schwören, lobt eure Ware so, wie ihr sie geben wollt. Sie gelobten ihm, sie wollten es ein Jahr lang versuchen. Aber vom Satan gehindert, der immer dem Seelenheil der Menschen entgegen ist, konnten sie dies Jahr über fast nichts verkaufen. Als das Jahr um war, kehrten sie zu ihrem Pfarrer zurück und sagten: Daß wir in diesem Jahr gehorsam gewesen sind, hat uns viel Schaden getan, die Menschen verlassen uns, ohne Eid können wir nichts verkaufen. Darauf der Priester: Fürchtet nichts, es ist eine Versuchung. Haltet fest in eurem Herzen, daß kein Mißgeschick, keine Armut euch von diesem Vorsatz abbringen soll, und der Herr wird euch segnen. Sie versprachen ihm durch Eingebung des Herrn, daß sie seinen Rat und das göttliche Gebot alle Tage ihres Lebens beobachten wollten, und wenn sie auch betteln müßten. Und, o Wunder! Sogleich scheuchte der Herr die Versuchung, so daß die Menschen begannen, sie mehr aufzusuchen als die andern Kaufleute, und binnen kurzem wurden sie so reich, daß jeder staunte. Da kehrten sie zu ihrem Beichtvater zurück und dankten ihm, daß sie durch seinen heilsamen Rat von so schweren Sünden entlastet und in äußeren Dingen bereichert seien.«

Ob der Erfolg auch in den nächsten Jahren anhielt oder wieder durch Zeiten der Versuchung unterbrochen war, berichtet Caesarius nicht. Für die pädagogische Zielsetzung der Anekdote reichte der Nachweis der einmaligen wunderbaren Belohnung – die Nutzanwendung konnte jeder Hörer selbst ziehen.

Der Dialogus miraculorum[2] des Mönchs von Heisterbach (ca. 1180 – ca. 1240), zusammengestellt aus Selbsterlebtem, Gehörtem und aus der Literatur Entnommenem, wahrscheinlich in den 1230er Jahren, gehört zur Gattung der Exempla-Literatur,[3] die seit dem 12. Jahrhundert als Lese- und Vortragsstoff für ein breiteres, auch bürgerliches Publikum, an Bedeutung gewann, nicht zuletzt durch die Funktion als Würze für die Predigt. Dabei kam es nicht so sehr darauf an, daß die Geschichten nachprüfbar, sondern daß sie möglich waren; sie mußten nicht stimmen, sondern stimmig sein, gerade im Detail, in der Beschreibung des Rahmens, der Umstände. Niemand wäre auf die Idee gekommen, nach den Namen der beiden Kaufleute zu fragen; es reichte für die Leser und Hörer im rheinischen Raum zu wissen, daß es Kölner Kaufleute waren, Bürger aus der mit großem und gewolltem Abstand führenden Handelsstadt des Raumes, deren Praktiken – auch in negativer Hinsicht – allen aus eigenem Erlebten oder vom Hörensagen vertraut waren. Zwei Kaufleute erscheinen wirklichkeitsnäher als einer; denn Fernhandel ist in dieser Zeit schon überwiegend Gesellschaftshandel; die Differenzierung zwischen dem »socius stans« am Heimatort und dem »socius tractans«, der auf fremden Messen und Märkten Waren einkauft und Produkte der Heimatstadt verkauft, ist bereits gängige Praxis. Der Kaufmann verfügt bereits über festes Kontor, Lager und Verkaufsstand, wo ihn die Kunden aufsuchen können, aber auch der Gesellschaftspartner auf den auswärtigen Märkten verkauft von einem fest zugewiesenen Stand aus. Absolut glaubwürdig erscheint die Beichte der Kaufleute und Caesarius' Charakterisierung der allgemeinen Verbreitung ihrer Sünden; zweifellos handelt es sich hier um ein zwar vermitteltes, aber doch sehr eindeutiges Zeugnis für kaufmännisches Bewußtsein, für den uralten Konflikt zwischen Norm und Wirklichkeit, moralischer Forderung und täglicher Praxis. Die Norm, die Forderung nach Wahrhaftigkeit, nach Eindeutigkeit und Ehrlichkeit der Aussage, an der nur noch der strenge Beichtvater als Repräsentant der höchsten moralischen Autorität festhält, ist in der bürgerlichen Gesellschaft, vor allem im Kreis der wirtschaftlichen Führungsschicht der Kaufleute, bereits weitgehend aufgehoben.

Lüge, Betrug und Meineid gelten allenfalls noch als läßliche Sünden, die man im Jahreslauf der Geschäfte verdrängt und nur bei der fälligen Osterbeichte im Bemühen um Reue und Buße ins Bewußtsein rücken läßt. Man muß sich anpassen; die Konkurrenz schläft nicht, sie arbeitet mit den gleichen Mitteln. Wer nicht betrügt, wird selbst betrogen. Wie fest die Strukturen bereits sind, unterstreicht der anfängliche Mißerfolg – für Caesarius das Werk des Teufels –, und erklärbar wird die Belohnung des exzeptionell korrekten Verhaltens eben nur durch ein Wunder, das direkte Eingreifen Gottes nach der Läuterung der Sünder: Er schenkt ihnen Seelenfrieden und den verdienten Reichtum, Lohn für das hohe Risiko, durch Ehrlichkeit bettelarm zu werden. Das ist eine recht bemerkenswerte Anerkennung der Rechtmäßigkeit von kaufmännischem Streben nach Gewinn und Reichtum durch einen Repräsentanten der Kirche.

Die Entwertung des Eides, der bedingten Selbstverfluchung, und die Häufigkeit des Meineides am Ende des Hochmittelalters werden verständlich, wenn man bedenkt, welche Erleichterung die Durchsetzung des Eineids anstelle des Schwurs mit den sogenannten Eideshelfern im nordwest- und mitteleuropäischen Kaufmannsrecht und von hier aus auch in zahlreichen Stadtrechten des hohen Mittelalters für den internationalen Fernhandel bedeutete.[4] Der Eidschwur vor Gericht wurde verallgemeinert, der Schwur begründete und festigte den Zusammenhalt von Kaufmannsgilden, Fahrtgenossenschaften oder Hansen, von freien und stadtherrlich geprägten Verbänden im Rahmen der seit etwa 1100 immer stärker werdenden kommunalen Bewegung. Besonders in norddeutschen Städten wird der jährlich am Schwörtag wiederholte Bürgereid[5] zu einem außerordentlich bedeutsamen, konstitutiven Akt, der allerdings gerade durch die Wiederholung in Gefahr ist, seine bindende Kraft abzuschwächen und seine sakrale Grundlage zu verlieren. Er wird profaniert, zu einem gebräuchlichen Mittel der Bekräftigung, selbst auch in Alltagsgeschäften, wenn er häufig gefordert und noch öfter angeboten wird.

Der Kontrast zwischen Norm und Wirklichkeit, die Gratwanderung zwischen schlechtem Gewissen und Streben nach wirtschaftlichem Erfolg, zwischen kaufmännischer Unmoral und gesellschaftlich anerkanntem Reichtum ist eine Struktur langer Dauer in der Geschichte der Kaufleute, deren Schutzgott in der Antike gleichzeitig auch der Gott der Diebe war. Zu Caesarius Zeiten war die Erinnerung an die nordischen Kaufleute, die Fernhandel und Seeraub fast untrennbar miteinander verbanden, noch nicht verblaßt, trotz der erheblichen Strukturveränderungen seit der Wende zum 13. Jahrhundert mit dem Übergang zu neuen Organisationsformen, zur Schriftlichkeit im Geschäftsleben in der Form des Schuldbuches und der privaten Buchführung.[6]

Der von Caesarius so gut getroffene Gewissenskonflikt des Kaufmanns ist tatsächlich ein Grundmotiv, das uns in allen Quellenarten, die über die subjektiven Vorstellungen von Kaufleuten Auskunft geben können, immer wieder begegnet. Auch zwei weitere wichtige Elemente, die man beim Versuch der Analyse von Kaufmannsmentalität in Betracht ziehen muß, werden von Caesarius sehr klar herausgestellt: Gewinnstreben um fast jeden Preis auf der einen, Bedürfnis nach Sicherheit auf der anderen Seite – letzteres allerdings in einer sehr subtilen, auf das Jenseits bezogenen Form. Nur in einer Andeutung, in unserem Zusammenhang aber von erheblicher Bedeutung, wird eine weitere Struktur kaufmännischer Mentalität angesprochen: das Bedürfnis nach gesellschaftlicher Anerkennung. Zur Abrundung des Stichwortkatalogs fehlt noch ein wesentliches Element, das Bemühen um Kreditwürdigkeit, um »ere ind geloven«, wie es in vielen spätmittelalterlichen Texten heißt. Natürlich kannte Caesarius die zu seiner Zeit bereits stark zunehmende Kreditpraxis im Handel, aber man wird doch sagen können, daß erst die spätmittelalterliche Wirtschaft in so vollendeter Weise vom Kreditprinzip durchdrungen war,[7] daß die Wahrung der Kreditwürdigkeit im kaufmännischen Denken und Bewußtsein den ersten Platz einnehmen mußte.

Aus diesem Stichwortkatalog lassen sich nun zahlreiche Fragen oder Problemfelder ableiten:

Wie sind die hoch- und spätmittelalterlichen Kaufleute mit den berufsbedingten Verstößen gegen kirchliche und gesellschaftliche Normen fertig geworden? Gab es typisch kaufmännische, von sonstigen bürgerlichen, d. h. von zünftischen Verhaltensweisen abweichende Formen des Ausgleichs, der Wiederherstellung des Einklangs mit der göttlichen und weltlichen Ordnung?

Gab es Grenzen für das Gewinnstreben? Welchen Einfluß hatten das Prinzip der »gerechten Nahrung«, die Forderung nach Maß, nach sozialer Verantwortung, das Bedürfnis nach Sicherheit und Minderung des Risikos?

Wie legitimierte man Reichtum, der wenigstens zum Teil auf Wucher, Betrug, Untreue, Steuerhinterziehung oder betrügerischem Bankrott beruhte? Welche Rolle spielten dabei Formen der kollektiven Repräsentation, hinter der die Unmoral des Einzelnen verdeckt werden konnte?

Wie funktionierte das kaufmannsinterne Normensystem im Spannungsfeld von obrigkeitlicher Kontrolle, moralischer Autorität der

Kirche und sozialem Druck von unten? Welche internen Sanktionen trafen Verstöße gegen »ere ind geloven«?

Welchen Einfluß hatten familiäre Erziehung, Schule und kaufmännische Lehrzeit auf das Bewußtsein der Kaufleute, die Rationalität des wirtschaftlichen Handelns, die Entwicklung von Kaufmannstugenden? Gab es ein spezielles kaufmännisches Arbeitsethos? Und schließlich: Zeigen sich Grenzen des rationalen Handelns, signifikante Abweichungen individueller und kollektiver Art, Verschiebungen der Mentalitätsstruktur, etwa vom Wagemut zum Sicherheitsdenken, vom Gewinnstreben durch Arbeit und Risiko zum Rentnerdasein auf der Basis ererbten Reichtums, von der Sparsamkeit in der Lebensführung zum Luxus, von der kaufmännisch-städtischen Lebensform zu der des landsässigen oder residenzgebundenen Adeligen oder Verwaltungsbeamten?

Eine Reihe dieser Fragen hat der unvergessene Erich Maschke in seinem Aufsatz[8] von 1964 über »Das Berufsbewußtsein des mittelalterlichen Fernkaufmanns« in hervorragender Weise bereits beantwortet. Seine Darstellung, die auf Rechnungsbüchern, Kaufmannsbriefen, Handelsverträgen, Testamenten, Traktaten, kaufmännischen Lehrbüchern, städtischen und privaten Chroniken aus dem gesamten europäischen Wirtschaftsraum des hohen und späteren Mittelalters beruht, bezieht sich »auf die subjektiven Vorstellungen, welche die Kaufleute von sich und ihrem Beruf hatten, nicht aber auf ihre objektive Verhaltensweise. Diese ist gleichwohl aus dem Thema nicht ganz auszuschließen: einmal, wenn durch sie das subjektive Bewußtsein hindurchleuchtet und sichtbar gemacht werden kann, zum anderen, wenn subjektiv gesetzte Überzeugungen überprüft werden müssen. Doch die eigentliche Aufgabe dieser Untersuchung besteht darin, aus den Selbstzeugnissen mittelalterlicher Kaufleute zu erfahren, was sie von sich selbst wußten, dachten und forderten.« Die Frage nach der Mentalität hoch- und spätmittelalterlicher Kaufleute schließt Maschkes Frage nach dem »durchschnittlichen Berufsbewußtsein« als zentrale Problemstellung ein, geht aber doch ein Stück darüber hinaus.

Kehren wir zunächst zu dem ersten großen Fragenkomplex der Bewältigung der berufsbedingten Normenverstöße mittelalterlicher Kaufleute zurück. Es gibt zu denken, wenn ein so guter Kenner der städtischen Wirtschaftsgeschichte wie Bruno Kuske immer wieder darauf hinweisen mußte,[9] daß »die geschäftliche Moral besonders des mittelalterlichen Kaufmanns ... noch recht bedenkliche Lücken aufwies und daß auf der Seite des Verkäufers mehr als heute die Kalkulation mitspielte, auf unlautere Weise einen besonderen Vorteil herauszuschlagen.« Noch weiter ging Ermentrude von Ranke[10] nach der Durchsicht der Kölner Handelsakten des 16. Jahrhunderts: »›Ehrsame Kaufleute‹ von absoluter Zuverlässigkeit hat es damals [in der Anmerkung hierzu vermerkt sie: »Ob jemals?«] entschieden nicht gegeben.« – Und nach einer systemimmanenten Begründung der Notwendigkeit zum Betrug »von Berufs wegen«, die in der Tendenz der Aussage der eingangs zitierten Kölner Kaufleute entspricht, bringt sie einen beeindruckenden Katalog gängiger Betrügereien:[11] »Man mengte faule Heringe in die Mitte der Tonnen, man panschte den Wein, man füllte die Weinfässer zu einem Viertel mit Kirschkernen, man näßte die Rohseide, um ihr Gewicht schwerer erscheinen zu lassen, man fälschte Maß und Gewicht. Man verkaufte englische Laken als ›uffrechtig kaufmannsgut‹, von denen man genau wußte, daß sie die auf den Bleiplomben angegebenen Längen nicht erreichten, man gab den Hanf nach Zentnern ab, die doch in Wirklichkeit nur 97 Pfund wogen, den gemahlenen Ingwer und Pfeffer vermischte man gewohnheitsmäßig mit Mehl, Sand oder Mäusedreck, man verkaufte Drahtrollen, von denen einem nur zu wohl bekannt war, daß der feine Draht nur draußen herum gewickelt war, während im Innern der starke Draht darauf wartete, den Abnehmer zu überraschen.«

In einigen Fällen mag der Kunde oder Geschäftspartner tatsächlich unwissentlich und unabsichtlich betrogen worden sein. Die Kontrolle der Faktoren oder Handelsdiener in den großen Kaufmannsfirmen funktionierte oft nicht allzu gut. Vor allem in Stunden ernster Besinnung und tiefer Sorge um das Seelenheil, vornehmlich bei der Abfassung von Testamenten, versuchte man, wissentlich und unwissentlich begangene Verstöße gegen die Moral wieder gut zu machen. Das mußte sich nicht immer zu einem riesigen Sündenregister auswachsen wie bei dem Kaufmann, Bankier und Verleger Jehan Boinebroke aus Douai, der am Ende des 13. Jahrhunderts seinen Testamentsvollstrekkern eine 5,50 Meter lange Pergamentrolle zum Abarbeiten, d. h. zur Rückerstattung der durch Betrug, Ausbeutung und Erpressung erworbenen Vermögensteile hinterließ.[12]

Ermentrude von Ranke konnte für das 16. Jahrhundert bemerkenswerte Unterschiede in den Nachlaßregelungen der katholischen und der protestantischen Kölner Kaufleute feststellen; letztere waren viel penibler beim Ausgleich unbeabsichtigten Schadens. Goddert

Germerssum z. B. vermachte zwei Antwerpener Gewürzhändlern vorsichtshalber je 15 Reichstaler, »da dan ehr, Testator, villicht aus irthumb in gehaltener rechnongh denselbigen ichtwes schuldigh verplieben sei, welches im doch nicht wissich, daz ehr derwegen sein Gewissen zu quitieren denselbigen solch legatum verordnet haben woll.«[13] Die katholischen Kaufleute blieben zur Beruhigung des Gewissens bei der traditionellen, meist sehr großzügigen Ausstattung von kirchlichen Institutionen oder karitativen Einrichtungen nach dem nicht unbedingt rein kaufmännischen, aber von Kaufleuten doch zur Perfektion entwickelten »do ut des«-Prinzip.

Wir wissen schon von Caesarius, daß kaufmännischer Erfolg, Glück und Gewinn letztlich von Gott kamen, auch wenn der Teufel immer wieder seine Hand im Spiel hatte. Es lag nahe, Gott zum Teilhaber zu machen, nicht unbedingt in der Hoffnung auf Wunder, aber doch aus dem Bewußtsein des permanenten kaufmännischen Risikos heraus, das man in jeder Hinsicht absichern wollte. Der rechte Kaufmann sollte nach dem Lehrsatz Dino Compagnis und Pegolottis[14] »La Chiesa usare e per Dio donare« verfahren.

Große italienische Handelsfirmen mit einer entwickelten Buchführung wie die Florentiner Alberti, die Bardi und Peruzzi richteten eigene Konten für die Armen oder direkt für den lieben Gott ein. Da der Inhaber des »conto di messer Domeneddio« seine Gewinne nicht persönlich einklagen konnte, haben es die Bardi häufig versäumt, diese an die Armen auszuzahlen.[15] Mittelalterliche Moraltheologen hätten sicher einen unmittelbaren Zusammenhang zwischen diesen Versäumnissen und dem Bankrott der Bardi und Peruzzi in den 1340er Jahren erkannt, wenn sie Einblick in die Hauptbücher gehabt hätten; es war vielleicht doch gefährlich, den lieben Gott so direkt an den Wucherkrediten für Eduard III. von England zu beteiligen.

Auch die Große Ravensburger Handelsgesellschaft, ein Unternehmen, das sich grundsätzlich nicht in Hochfinanzgeschäfte mit regierenden Häusern einließ und auch sonst Risikokredite vermied, beteiligte den lieben Gott und die Armen an Gewinn und Verlust, je nach Geschäftsgang. Immerhin, die Patrone dieser oberdeutschen Handelsgesellschaft konnten ihr Unternehmen in einer Rekordanz von 1477 als »ein löblich herrlich Wesen« rühmen, »dergleich von keiner Gesellschaft in der Welt je gehört ist, die so lang und so redlich her sei kommen und schier bei 100 Jahren gewährt hat.«[16] Wenig später sanken die Gewinne, weil sich die Firma, die vor allem im Barchenthandel und in der Safranspekulation reich geworden war, der neuen, handelskapitalistischen Praxis der Fugger, Welser, Vöhlin, Hochstätter und anderer oberdeutscher Kaufmannsdynastien nicht anpassen wollte.

Erich Maschke sprach von einem besonderen Frömmigkeitsstil der Kaufleute, der »kommerziell bestimmt« war und gewissermaßen das reziproke Element zu dem letztlich an die Gnade Gottes gebundenen Gewinnstreben darstellte. Die steinernen Zeugnisse kaufmännischer Frömmigkeit haben wir heute noch vielerorts vor Augen: die Kaufmannskirchen,[17] dem hl. Nikolaus, der hl. Gertrud, häufig auch St. Jakob geweiht, die von Kaufleuten gestifteten Klöster und Konvente, die Kaufmannskapellen und Familienaltäre in den Pfarrkirchen, die auch als Grablegen besonderer Art dienten, die Haus- und Handelsmarken in den Schlußsteinen der Gewölbe spätgotischer Kirchen, und nicht zuletzt die Leprosenhäuser und Hospitäler. Aber solche Leistungen haben, vielleicht nicht überall in so großartiger Form, auch andere Berufsgruppen und Stände vorzuweisen, Bergleute, Handwerker, Klerus und Adel. Der besondere Stil kaufmännischer Frömmigkeit äußert sich in der Rationalität, der Rechenhaftigkeit, der Zielstrebigkeit der Stiftungen an geistliche Institutionen und an Bedürftige: Das Konto für den »Herrn Herrgott« nimmt diesen in die Pflicht; bei den Stiftungen an geistliche Institutionen werden jene Klöster, Konvente und Kirchen bevorzugt, deren Religiosität außer Zweifel steht, die aufgrund der strengen Disziplin den höchstmöglichen Ertrag an Fürbitte bei Gott, die sicherste Gebetsgarantie bieten. Im 14. und 15. Jahrhundert sind es vor allem die Kartäuser und die neuen Reformorden unter dem Einfluß der Devotio moderna. Und selbst von den Ärmsten der Armen verlangt man im Spätmittelalter nach Nürnberger Vorbild[18] vor der Erteilung des Bettlerzeichens ein Gebetsexamen; denn nur wer richtig beten kann – in der Regel begnügte man sich mit Vaterunser, Avemaria und Glaubensbekenntnis –, bietet nach dem do-ut-des-Prinzip die erforderliche Gegenleistung für den Almosengeber.

Die Kirche hat gegen diese vordergründige geschäftsmäßige Art der Frömmigkeit, die gegenüber manchem frommen Wort in Kaufmannsbriefen, Handels- oder Gesellschaftsverträgen und Rechnungsbüchern skeptisch macht,[19] im ganzen Mittelalter wenig einzuwenden gehabt, so sehr sie auch im normativen Bereich, vor allem beim Verbot des Zinsnehmens und des Handels mit christlichen Sklaven an den traditionellen Lehren festhielt. In der Praxis gab es Ausnahmen genug, die Wuchererlaubnis für Lombarden und Kawertschen, die vielen halblegalen und legalen Verschleierungen der Zinsnahme, und die zahlreichen, höchst einträglichen Amnestien und Lösungen vom Kirchenbann, nicht selten verbunden mit einer Sühnewallfahrt, auf die man – es war eben nur eine Sache des Geldes – auch einen Vertreter schicken konnte.

Die Lösung des berufsspezifischen Gewissenskonflikts des mittelalterlichen Kaufmanns konnte also auf vielen Wegen erfolgen; bevorzugt waren echt kaufmännische Lösungen. Extreme Konsequenzen, nämlich die Aufgabe des Berufes aus Gewissensgründen, zogen nur wenige – darunter sind allerdings einige sehr bemerkenswerte Leute. Man denke nur an Petrus Waldus oder an Franz von Assisi, der immerhin zum Kaufmann erzogen wurde. Der um 1100 abgefaßten Lebensbeschreibung[20] des Engländers Godric, der vom Strandräuber zum Schiffseigner und Fernkaufmann aufstieg und sein bewegtes Leben als heiligmäßiger Eremit in Finchale beschloß, verdanken wir unschätzbare Nachrichten über den Handel der späten Wikingerzeit und die Anfänge der Partenreederei. Den Weg ins Kloster suchten mehrere Dogen von Venedig, darunter der berühmte Piero Zani: ›reich an Gold‹ resignierte er »per conscientia«, aus Gewissensgründen, von seinem hohen Amt.[21] Einer der vielen rheinischen Lombarden, Burchard oder Bernhard aus der Familie der Ottini, trat in den Kartäuserorden ein und schenkte 1398 dem Rat zu Bingen das Haus seines Vaters zwecks Erweiterung des Kirchhofs zum Heil seiner Seele und zum Ersatz für das Wuchergeld, das sein Vater Leo den Bingenern abgenommen hatte, um das Studium des Sohnes in Paris zu finanzieren.[22]

Das Gefühl, es »wer nu tyt, Gode to deynen«, das der im Kölner Exil lebende Lübecker Kaufmann Sivert Veckinchusen sechs Wochen nach dem Tod seiner Frau Elisabeth in einem Brief an seinen Bruder Hildebrand zum Ausdruck brachte, mag viele Kaufleute in persönlichen oder geschäftlichen Krisensituationen überfallen haben. Sivert überwand es schnell; denn im gleichen Schreiben[23] ließ er – ohne sich allerdings festzulegen – auch schon die ihm angetragenen Bräute für die nächste Ehe Revue passieren; wenige Monate später hatte ihn die hohe Mitgift der Mette van Lunen aus Lübeck überzeugt.

Daß Streben nach Gewinn und Reichtum – damit komme ich zu einem weiteren wichtigen Fragenkomplex – zu den Grundhaltungen im kaufmännischen Wollen und Denken gehörte, scheint angesichts einer erdrückenden Zahl von direkten und indirekten Belegen in den mittelalterlichen Quellen unbestreitbar zu sein. Erich Maschke[24] schreibt: »Das Gewinnstreben der Fernhandelskaufleute war im Prinzip grenzenlos, da die Möglichkeiten der Reichtumsbildung unbegrenzt waren. Es gab schon im Mittelalter zahlreiche Kaufleute, die das berühmte Wort Jakob Fuggers hätten aussprechen können, als man ihm riet, sich in höherem Alter zur Ruhe zu setzen: Er hätte viel einen anderen Sinn, er wolle gewinnen, dieweil er könnte. Ein hemmungsloses Gewinnstreben konnte alle Schranken des Gesetzes und der Moral durchbrechen.«

Daß ökonomische Momente trotz der prinzipiell unbegrenzten Chancen der Reichtumsbildung immer wieder Schranken setzten, liegt auf der Hand. Andererseits war die Überzeugung, daß Kaufmannschaft in Zeiten ungestörten Handels ohne extern bedingte Katastrophen notwendig gewinnreich sein müsse, so stark im Bewußtsein der Fernhändler verfestigt, daß sie gelegentlich zur Grundlage gerichtlicher Entscheidungen gemacht wurde.[25]

Uns interessieren hier mehr die nichtökonomischen Faktoren, obgleich z. B. moralische oder religiöse Bindungen in vielen Fällen, etwa bei der Entscheidung für oder gegen Bank- und Kreditgeschäfte neben dem Handel, von rein ökonomischen Überlegungen nicht sauber geschieden werden können. Es gab zweifellos so etwas wie das Gefühl für das rechte Maß, das auf Erfahrungen aus Rückschlägen, Beobachtungen bei Konkurrenten, Erziehung oder auch auf Familien- oder Firmentradition beruhte. Auf den Aspekt der Edukation komme ich später noch einmal zurück. Die als Federproben in seinem Handlungsbuch notierten Aufforderungen zum Maßhalten des Lübecker Kaufmanns und Bürgermeisters Johann Wittenborg – »Omnibus adde modum, modus est pulcherrima virtus« / Halte Maß in allem, Maßhalten ist die schönste Tugend – sind längst Gemeingut der Forschung geworden. Maschke[26] hat Rörigs Deutung[27] des Spruches als ›beruhigendes Motiv der Spätzeit‹, als Zeichen für »die Umstellung der Lübecker Kaufleute vom kühnen Seefahrer zum Rentner, vom Wagnis zur Sicherheit«, mit Recht zurückgewiesen. Es gab den Typ des maßhaltenden, am begrenzten, aber stetigen und sicheren Gewinn orientierten Kaufmanns, der unnötigen Risiken und gefährlichen Spekulationsgeschäften aus dem Weg ging, im engeren Hanseraum wohl häufiger als im Rheinland, in Flandern, in Oberdeutschland oder gar in Italien. Es ist z.B. sehr bezeichnend, daß Sivert Veckinchusen nach dem verlustreichen Scheitern der Venedischen Gesellschaft nach 1411/12 die Rückkehr zur »guden olden neringe« auf der hansischen

Hauptachse von Livland über Lübeck nach Flandern geradezu herbeisehnte.[28]

Ebenso wichtig wie die Faktoren Erfahrung, Beobachtung, Erziehung und Tradition, aber bisher leider noch zu wenig untersucht, scheinen zur Begrenzung des Gewinnstrebens in der teilweisen Abschwächung des Konkurrenzverhaltens familiäre, lokale und landsmannschaftliche Bindungen beigetragen zu haben. Der spätmittelalterliche Handel war vor allem Gesellschaftshandel; im norddeutschen und westdeutschen Raum dominierten, von wenigen Ausnahmen abgesehen, relativ kleine und meist nur auf wenige Jahre befristete Handelsgesellschaften.[29] Jeder bedeutende Kaufmann war Mitglied mehrerer solcher Konsortien; er repräsentierte also ein ganzes System von Bindungen, die er mehr oder weniger gut in Einklang miteinander bringen mußte. Natürlich waren bevorzugte Partner in erster Linie Verwandte und Verschwägerte, dann Leute aus der gleichen Stadt oder wenigstens aus derselben Region, die man kannte. Der häufige Wechsel der Partner, aber auch der gemeinsame Transport von Waren auf denselben Schiffen und Seehandelsrouten bzw. in den großen Wagenkolonnen zu den europäischen Messeplätzen, das Beipacken kleiner Warenmengen in die Tonnen oder Ballen anderer Kaufleute, das alles schuf ein dichtes, informelles Netz von Beziehungen und Kontakten, innerhalb dessen Informationen, Hinweise und Warnungen leicht und gern gegeben wurden. Ähnliches dürfen wir für die lokal gebundenen Fahrtgenossenschaften des Spätmittelalters, die Novgorod-, Bergen-, Flandern-, Venedig-, London-, Lissabonfahrer etwa in Lübeck, Hamburg und Köln annehmen.

Sicher kam es nicht zu Regelungen, die dem im zünftischen Bereich – aber auch hier mehr als Forderung denn als realiter durchgesetzter Maxime – wirksamen Prinzip der »gerechten Nahrung« entsprochen hätten. Selbst unter Verwandten hatte die Solidarität, wie das Beispiel der Veckinchusen zeigt, enge Grenzen.

Die Frage nach der Legitimierung des Strebens nach Gewinn und der Verfügung über nicht immer mit lauteren Mitteln erworbene Reichtümer ist auf zwei Ebenen zu beantworten, einmal von der Person des einzelnen Kaufmanns her, zum anderen ausgehend vom Postulat eines kollektiven Bewußtseins der kaufmännischen Führungsschicht in den mittelalterlichen Städten.

Der Augsburger Lucas Rem führte um 1500 den steilen wirtschaftlichen Aufstieg seines Ahnherrn Hans Rem, der von 1340 bis 1396 lebte, auf Gottes Gnade zurück, der jenem großes Glück und reichen Gewinn gegeben habe[30] – eine späte Idealisierung, die den Genuß des Vermögens durch die Nachkommen hervorragend rechtfertigte, vor allem wenn Stiftungen für Arme und Kirchen als weitere Absicherung dienten. Ganz anders argumentierte der Lübecker Kaufmann Bertold Rucenberg in seinem Testament[31] von 1364: »Von meinen Eltern habe ich nichts empfangen, weswegen ich irgend jemand verpflichtet wäre. Darauf will ich auch sterben. Denn was ich besitze, das habe ich mir von jungen Jahren an mit großer Mühe und Arbeit erworben.«

Die Betonung der eigenen Leistung, der großen Mühe, der Bereitschaft zum Risiko finden wir auch in anderen Selbstzeugnissen immer wieder. Hier werden ganz entscheidende Elemente eines echten kaufmännischen Ethos sichtbar, die sich in Grenzen durchaus mit der unausweichlichen, berufsbedingten Unmoral vereinen ließen. In diesem Zusammenhang sind weitere Tugenden und Verhaltensweisen zu nennen, auf die Erich Maschke[32] sehr stark abstellte: Bescheidenheit im Auftreten, Sparsamkeit der Lebensführung, Vermeidung übertriebenen Aufwands, aber ohne Understatement, dann: Menschenkenntnis, das rechte Maß zwischen Vertrauen und Vorsicht, weite Voraussicht (longa provedenca oder lateinisch: provida consideratio).

Wir finden fast alle diese Elemente schon in einer weiteren Erzählung[33] des Caesarius von Heisterbach von einem Kölner Kaufmann, dem sein Bruder, Abt des Klosters St. Pantaleon in Köln, Geld aus dem Konventsvermögen für Kaufmannsgeschäfte anvertraute:

»Dies legte der Bürger zu seinem eigenen, trieb damit Handel, und wohin er auch ging, immer kehrte er mit Schaden zurück. Ihm wurde, ohne daß er es merkte, das Klostergeld gleichsam zu Feuer und sein eigenes wie Stroh. Und da er in Geschäften recht erfahren und umsichtiger als alle seine Genossen war, so konnte er sich über deren Erfolg und seine eigenen Verluste nicht genug wundern. Der Abt hatte Mitleid mit seinem Unglück und fuhr fort, ihm zu geben. Er geriet aber endlich selbst in Armut, da jener nicht weiterkam, vielmehr immer weniger hatte. Da sprach der Abt: Was tust du, Bruder? Warum vergeudest du so kläglich deine Habe zu deiner und meiner Schmach? Er antwortete: Ich lebe sehr sparsam, ich übe die größte Vorsicht bei meinem Handel, ich kann durchaus nicht begreifen, was mit mir vorgeht. Endlich ging er in sich, suchte einen Priester auf und eröffnete ihm in der Beichte alles, was ihm geschehen war. Der Priester sagte zu ihm: Folge meinem Rat, und du wirst schnell reich werden. Deines Bruders Geld ist Diebstahl, und dies hat deine Habe aufgezehrt. Nimm künftig nichts von ihm an; treibe Handel mit dem wenigen, was noch übrig ist, und du wirst sehen, daß die Hand des Herrn über dir ist. Was immer du aber gewinnst, davon gib die Hälfte deinem Bruder, von dem Rest lebe du, und dies tu so lange, bis du alles Klostergeld zurückerstattet hast. O wunderbare Gnade Gottes! Indem der Mann dem Rate seines Beichtvaters gehorchte, wurde er bald so bereichert, daß er selbst Überfluß hatte und dem Bruder das Empfangene zurückgeben konnte.«

Wieder finden wir eine ausgesprochen positive Bewertung des Reichtums, der in der städtischen Gesellschaft des Mittelalters zwangsläufig auch zum sozialen Wertmaß werden sollte. Den zum Familiennamen stabilisierten Bei- oder Übernamen Dives/reich finden wir in deutschen Städten seit dem frühen 12. Jahrhundert. Als Benennungen für die von Hans Planitz[34] als Meliorat bezeichnete frühe Führungsschicht der Städte finden wir neben meliores, honestiores/honestissimi, potentiores, sapientes usw. gerade auch die Formen divites, ditiores oder ditissimi; in Köln erlangte der Zusammenschluß der Reichsten in der Richerzeche sogar Organcharakter in der Stadtverfassung: Die beiden Amtleute der Richerzeche fungierten als Bürgermeister.[35] Man darf nicht übersehen, daß die angeführten Benennungen des Meliorats sowohl Fremd- als auch Selbstbezeichnungen darstellten. Damit gewinnt die Gleichsetzung von Reichtum, politischer Macht, Weisheit und Ansehen besonderes Gewicht für die Entwicklung des kollektiven Bewußtseins dieser Schicht, die ungeachtet der ministerialischen Herkunft vieler Mitglieder ihre wichtigste materielle Basis in der Kaufmannschaft hatte. Reichtum durfte in dieser frühen Phase noch neu sein; erst im 13. und 14. Jahrhundert, in der Zeit des Patriziats, wurde ererbtes Vermögen unabdingbare Voraussetzung für den Eintritt in den Kreis der viri hereditarii, der Erbgesessenen, der Geschlechter.

Ein kleiner Florentiner Kaufmannsspiegel des 14. Jahrhunderts[36], geschrieben von einem Praktiker mit tiefer Erfahrung, warnt den jungen Kaufmann vor Freundschaften mit Leuten geringen Vermögens und zweifelhaften Rufes. Es sei wichtig, Freunde zu haben; »sie sollten gut, weise und reich und Leute von höchstem Rang sein«. Aber wenn sie schon nicht reich seien, dann sollten sie wenigstens gut und weise sein.

Erst gegen Ende des Mittelalters wird die vertraute Gleichsetzung von Reichtum, Macht und sozialem Ansehen auf breiterer Ebene in Frage gestellt, am schärfsten in der satirischen Dichtung der vorreformatorischen Zeit, in Sebastian Brants Narrenschiff, aus dessen Kapitel 17 »Von unnutzem richtum«[37] ich stellvertretend für weitere Zeugnisse einige Verse zitiere.

Die groͤsszt torheit jn aller welt
Ist, das man eret für wiszheit gelt,
Vnd zücht harfür eyn richen man
Der oren hat, vnd schellen dran
Der můsz alleyn ouch jn den rat
Das er vil zů verlieren hat,
Eym yeden gloubt soviel die welt
Als er hat jnn sinr taͤschen gelt
Her pfenning der můsz vornen dran
Wer noch jn leben Salomon
Man liesz jn, jnn den rat nit gon
Wann er eyn armer weber wer
Oder jm stünd sin seckel ler,
Die richen ladt man zů dem tisch
Vnd bringt jnn wiltpret, vogel, visch,
Vnd důt on end nit jnn hofiern
Die wile der arm stat vor der tůren
Vnd switzet, das er moͤcht erfrieren,
Zům richen spricht man, essen herr,
O pfening, man důt dir die ere
Du schaffst, dasz vil dir günstig sint
Wer pfening hat, der hat vil fründ
Den grůszt vnd swagert yederman,
Wolt eyner gern eyn ee frow han,
Die erst frag ist, was hat er doch,
Man fragt der erberkeyt, nym noch
Oder der wiszheit, ler, vernunfft
Man sůcht eyn vsz der narren zunfft
Der jnn die mylch zů brocken hab
Ob er joch sy eyn koͤppels knab
All kunst, ere, wiszheit, ist vmb sunst
Wo an dem pfening ist gebrust
Wer syn or, vor dem armen stopfft
Den hoͤrt got nit, so er ouch klopft.

Man könnte, was ich hier nur andeuten will, die Entwicklung der kaufmännischen Mentalität mit Gewinn als Leitfrage für eine Sozialgeschichte der bürgerlichen Führungsschichten in den mittelalterlichen Städten wählen. Die Analyse des kaufmännischen Bewußtseins und Selbstverständnisses erleichtert das Verständnis jener Wellen von Verfassungskämpfen, die seit der zweiten Hälfte des 13. Jahrhunderts immer wieder zur völligen oder teilweisen Ablösung alter durch neue

Führungsschichten führten. Man hat diese Auseinandersetzungen lange Zeit unter dem irreführenden Begriff Zunftkämpfe zusammengefaßt.[38] Wenn man genauer untersucht, findet man als zentralen Gegensatz fast jedesmal den Konflikt zwischen einer auf Wahrung von politischen Machtpositionen und gesellschaftlicher Führungsrolle bedachten, überwiegend von sicheren Grundrenten und Hauszinsen lebenden, im Lebensstil am Adel orientierten alten Oberschicht – und neuen, im aktiven Kaufmannsleben stehenden Kräften, denen die Diskrepanz zwischen wirtschaftlicher Macht und mangelnder politischer Mitsprache bzw. sozialer Geltung unerträglich erscheint, die daher mit allen Mitteln die Wiederherstellung der Einheit von Reichtum, Macht und Ansehen suchen. In solchen Verfassungskrisen erweist sich der innere Zusammenhalt, das kollektive Bewußtsein der Kaufleute in besonderem Maße.

Es gibt viele Beispiele für den hohen Grad an Solidarität innerhalb der kaufmännischen Interessengemeinschaft, auch in negativer Hinsicht bei kollektiven und individuellen Verstößen gegen religiöse und soziale Normen. Man konnte die Reizschwelle, ab der Verstöße gegen den gemeinen Nutzen geahndet wurden, hoch setzen, wenngleich die Schmerzgrenze für das Aufbrechen von Unrechtsbewußtsein wohl doch nicht so hoch lag wie heute.

Immerhin: 1367 wurde der Kölner Patrizier und Rentkammerbeisitzer Rutger Grin wegen einer Manipulation bei der Münzvalvation, die der ganzen Stadt schweren Schaden zufügte, hingerichtet.[39] Aber das war auch schon ein Vorspiel zum sogenannten Weberaufstand von 1370/71. In den Aachener Wechslerprozeß[40] kurz nach der Mitte des 14. Jahrhunderts waren dagegen so viele Leute aus der Oberschicht verwickelt, daß das Verfahren im Sande verlief. Der Kölner Ratsherr, Waffenhändler, Eisenwirt und Stahlverleger Johann Kemper reagierte auf die Anklage wegen riesiger Akziseunterschlagungen 1502 mit Gegenklagen[41] – sein Insider-Wissen war zu gut –, bis er 1517 mit einem relativ bescheidenen Bußgeld aus der Affäre kam. Man wahrte den Schein und alles blieb beim alten.

Redlichkeit und Ehre, die in normativen Texten immer wieder als Grundelemente kaufmännischen Ethos herausgestellt wurden, reduzierten sich in gewisser Weise auf den Aspekt des »gelovens«, der Kreditfähigkeit und Kreditwürdigkeit, also auf eine vornehmlich im Innenbereich der Gruppe wirksame und absolut verbindliche Norm. Man konnte einen mehr oder weniger betrügerischen Bankrott ohne

Schmälerung der sozialen Stellung übersehen, wenn die Geschädigten Auswärtige waren; Wolfgang von Stromer[42] hat dies am Beispiel der Nürnberger Firma Stromer-Ortlieb, die zwischen 1430 und 1434 fallierte, sehr schön gezeigt.

Die Sicherung von »ere ind geloven« im inneren Kreis der Fernhandelskaufleute ist das zentrale Thema im Geschäftsschriftgut des 14. und 15. Jahrhunderts. Den tiefen Zusammenhang mit der Durchsetzung des Kreditprinzips als Motor der wirtschaftlichen Entwicklung habe ich schon angedeutet. Der Verlust des »gelovens« bedeutete fast immer wirtschaftlichen Ruin. Das zeigen nicht nur zahlreiche Prozeßakten des 15. Jahrhunderts,[43] sondern vor allem der umfangreiche Briefwechsel der hansischen Kaufmannsfamilie Veckinchusen, der außerordentlich viel von der mentalen Seite spätmittelalterlichen Kaufmannslebens verrät.[44] Ich will hier nur einige Aspekte ansprechen: das Thema Angst, das bei risikoreichen Termin- und Wechselgeschäften bis zur Panik führen kann, die Verzweiflung über geplatzte Wechsel oder das Scheitern von vielversprechenden Aktionen, das Mißtrauen gegenüber den Partnern, selbst unter Brüdern, eine Fülle von typischen Verhaltensweisen, um den Bankrott zu verschleiern: späte und gefälschte Abrechnungen, Verkauf von Waren unter dem Verkaufswert, Geschenke an vermögende Geschäftsfreunde, demonstrativer Konsum bei Familienfesten und Auftreten in standesgemäßer Kleidung – selbst in den Brügger Schuldturm, den Stein, läßt sich Hildebrand Veckinchusen von seiner Frau Margarethe die besten flämischen Kleider schicken:[45] »Wante ich moyt cleder hebben, al bin ick hir in den sten 1 man, mach des sins wol gebrucken hir in den sten.«

Es gibt kaum eine Quellenserie aus dem deutschen Sprachraum, welche die Härte des Kaufmannslebens eindringlicher vor Augen führt als die Veckinchusenbriefe. Sicher, manchmal ist auch von fröhlichem Wagemut, etwas öfter von kalkuliertem Risiko die Rede, aber die Grundstimmungen sind Sorge, Angst, Streß, Kummer über Mißerfolge, Krankheiten, ungeratene Söhne, untreue Geschäftspartner und rücksichtslose Bankiers. Typisch ist das Schwanken zwischen Hoffnung, Zuversicht, Gewinnerwartung auf der einen, Resignation und Verzweiflung bis zur Todessehnsucht auf der anderen Seite. Moralische Bedenken findet man kaum, die Frömmigkeit der Veckinchusen und ihrer Gesellschafter bleibt in äußeren Formen stehen, in der häufigen Anrufung Gottes, in Wallfahrten nach Aachen, nach Maria Einsiedeln, nach dem Heiligen Blut von Wilsnack – meist verbunden mit ohnehin nötigen Geschäftsreisen. Sivert, der einen Teil der Verluste aus dem Venedighandel durch einen grandiosen Zollbetrug bei einem Weingeschäft im Namen der zollmäßig privilegierten Grafen von Ziegenhain ausgleichen und sich sanieren konnte – seine einzige Sorge war, daß dieses Geschäft vorzeitig verraten werden könnte –, riet ebenso wie andere Geschäftsfreunde dem Bruder Hildebrand zur Flucht vor den Brügger Gläubigern; in Lübeck oder Livland könne er ja neu anfangen und in wenigen Jahren habe man alles vergessen. In sehr bezeichnender Weise nahm man ihm übel, daß er diesem ›weisen‹ Rat nicht folgte und sich den Gläubigern stellte; er wollte – und seine Frau Margarethe hat ihn darin bestärkt, obwohl sie Gefahr lief, in Lübeck mit ihren kleinen Kindern betteln zu gehen – als unbescholtener Mann den Stein verlassen:[46] »Ick hebbe myn ere leyver dan alder werlt gud.« – »Wante ick bin noch unverloren by der ghenaden uns heren; wante dat komet manych gud man in den sten tu Brugge, wan hey betalt, dat hey schuldych es, so blyvet hey so gud born also na ofte na so gud also vorn.«

Die Veckinchusen-Briefe liefern auch hervorragendes Material für den letzten Aspekt, den ich noch kurz ansprechen will, die für die Formung kaufmännischer Mentalität ganz entscheidende Erziehung der Kinder. Die Voraussetzungen für eine auf kaufmännische Bedürfnisse ausgerichtete Ausbildung wurden seit dem 13. Jahrhundert in den städtischen Schulen immer besser.[47] Wir wissen sehr viel über den Lehrstoff in der Lübecker Ratsschule, weil um 1370 einem Schüler zum Glück das Mißgeschick passierte, daß ihm der Schulranzen mit vollgeschriebenen Wachstafeln in die Schulkloake fiel – vielleicht hat er sie auch aus Wut hineingeworfen. Dem Besuch der Ratsschule ging ein mehrjähriger Unterricht an Pfarrschulen voraus, an dem – sicher seit dem ausgehenden 14. Jahrhundert – auch schon Mädchen teilnahmen.[48] Die Frauen der Brüder Veckinchusen konnten weder lesen noch schreiben, die Töchter bereits ganz gut, und diese Fähigkeit war mehr wert als viele hundert Mark Mitgift oder Schmuck. Im 15. Jahrhundert gibt es in Köln bereits von Frauen geführte Rechnungsbücher.[49] Man kann dieses Jahrhundert, wie zahlreiche Untersuchungen der letzten Jahre gezeigt haben, durchaus als die Glanzzeit der Kauffrauen[50] bezeichnen.

Ebenso wichtig wie Lesen und Schreiben war das Rechnen für die Ausbildung kaufmännischer Rationalität, verbunden mit der Entwicklung von Zeitgefühl,[51] vorausschauender Kalkulation und Vorsicht. Die Erziehung zur Ordnung, Sauberkeit, Disziplin begann schon im Kindesalter. Immer wieder ermahnte Hildebrand Veckinchusen seine Frau, die Kinder in Zwang zu halten, damit sie etwas lernen. Er war bitter enttäuscht über seinen Sohn Joest, der nie schreiben lernte und auch beim Rechnen mit der Rechentafel versagte, obwohl sein Lehrmeister ihm nur das Rechnen bis 1000 beibringen wollte.[52]

Die Lehre bei dem Aachener Goldschmied Meister Wilhelm, einer Seele von Mensch, brach er zweimal ab, obwohl ihm sein Lehrherr die üblen Streiche auf den Aachener Gassen zunächst verzieh und ihn wieder aufnahm, als er nach dem ersten Weglaufen halbverhungert wieder um Brot und Arbeit bat. Im Italienhandel, der ihn interessiert hätte, konnte ihn Siverts Sohn Cornelius, der als kaufmännischer Lehrling bei Hildebrand sogar Italienisch gelernt hatte, nicht brauchen. Die härteste Lehrzeit machten die Veckinchusensöhne in Livland mit; dort konnten sie neben einer intensiven Warenkenntnis und der Übung in den nötigen Tricks beim Ein- und Verkauf auf einem relativ überschaubaren Markt auch Russisch lernen. Die hohe Schule der Kaufmannschaft folgte dann in Flandern oder Brabant als Handelsdiener, oft schon mit einer kleinen Beteiligung an der Gesellschaft des Prinzipals; hier konnte man am besten mit den internationalen Finanz- und Wechselpraktiken und mit dem Messehandel vertraut werden, das richtige Auftreten lernen, und wie man sich angemessen kleidete. Man lernte aus Anschauung und Erfahrung, übernahm Attitüden und Einstellungen, die sich bewährt hatten, akzeptierte Formen und Verhaltensweisen, die gebräuchlich waren, gewöhnte sich aber auch an die ewige Diskrepanz von Norm und Realität.

Der ideale Kaufmann des 15. Jahrhunderts fand den Mittelweg zwischen Risikofreude und Zaghaftigkeit, zwischen maßlosem Gewinnstreben und Bescheidung mit dem sicher Möglichen, zwischen übertriebener Demonstration des Reichtums und allzu großer Bescheidenheit der Lebensführung, zwischen Verschwendung und Freigebigkeit gegenüber Freunden, Armen und Kirchen; er fühlte sich im Einklang mit der göttlichen und menschlichen Ordnung, vertraute auf Gott und das Glück des Tüchtigen, Gesunden, Erfahrenen und mit weiser Voraussicht Begabten. Diesen rundum idealen Kaufmann hat es nicht gegeben. Der echte Kaufmann des späten Mittelalters, mit dem uns die Quellen vertraut machen, war unvorsichtig oder zaghaft, gewinnorientiert bis zum Exzeß, rücksichtslos gegen den wirtschaftlich Schwächeren, aber tendenziell von der Rentiermentalität erfaßt; er neigte nicht selten zur pompösen Selbstdarstellung in Kleidung, Konsum, Stiftungen und Bauten, orientierte sich gern am Lebensstil des Adels, oder er verschleierte seinen wahren Vermögensstand durch demonstrativen Geiz; er hatte Lust an der Macht bis hin zur Machtgier, liebte das Spiel mit dem großen Geld wie das Spiel mit Karten und Würfeln, oder er verabscheute Geldgeschäfte wegen des hohen Risikos; er lebte in Einklang mit dem besonderen Normensystem der Kaufleute, verinnerlichte den berufsbedingten Zwang zur Unmoral und schuf den Ausgleich durch hohe Legate an die Armen oder die Einbeziehung des lieben Gottes als Teilhaber. Er lebte meist im Gefühl der Angst, der Furcht vor Katastrophen und einem plötzlichen unvorbereiteten Tod, in permanentem Streß, enormem Leistungsdruck, der ihn zur persönlichen Härte, zu einem oft sehr sachlichen Verhältnis zu Partnern, Verwandten, auch zur eigenen Familie, zu Frau und Kindern, zwang. Dieser Druck, vor allem der mit steigendem Alter wachsende Gewissensdruck erklärt die Neigung zum Aussteigen, die Suche nach alternativen Lebensformen. Eines der beeindruckendsten Zeugnisse – und mit dieser kleinen Arabeske möchte ich schließen – liefert das Testament[53] des außerordentlich erfolgreichen Kölner Kaufmanns Johann Rinck von 1512. Da die »hendele der koufmanschaff der selen und consciencien sorchlych« seien und kaum ohne Nachlässigkeit und Sünde zu betreiben, vermachte er nicht nur hohe Beträge an Arme und verschiedene Kirchen, sondern verbot seinen beiden Söhnen Johann und Hermann auch den Eintritt in den Kaufmannsberuf. Sie sollten Universitätsprofessoren werden, weil dies, so meinte Johann Rinck, der sicherste, gemächlichste und friedlichste Beruf der Welt sei. – Die Söhne gehorchten, sie wurden tatsächlich Hochschullehrer, aber Hermann trieb neben dem Lehrbetrieb an der Kölner Artistenfakultät einen schwungvollen Kommerz mit England, und der gelehrte Jurist Johann, der mit Erasmus von Rotterdam im Briefverkehr stand, spezialisierte sich auf den Handel mit englischem Tuch nach Frankfurt. Kaufmannsmentalität war stärker.

Anmerkungen

1 Caesarius von Heisterbach, Wunderbare und denkwürdige Geschichten, hg. v. Lambert Hoevel, Köln 1968, S. 61f.

2 Vgl. Alexander Kaufmann, Caesarius von Heisterbach. Ein Beitrag zur Culturgeschichte des 12. und 13. Jahrhunderts, Cöln 1862.

3 Zur Gattung vgl. Claude Bremond/Jacques Le Goff/Jean-Claude Schmitt, L'»exemplum« (Typologie des sources du Moyen Age occidental, fasc. 40), Turnhout 1982.

4 Vgl. Edith Ennen, Die europäische Stadt des Mittelalters, Göttingen ³1979, S. 124ff., auch zum Folgenden.

5 Grundlegend Wilhelm Ebel, Der Bürgereid als Geltungsgrund und Gestaltungsprinzip des deutschen mittelalterlichen Stadtrechts, Weimar 1958.

6 Vgl. Hans Patze, Neue Typen des Geschäftsschriftgutes im 14. Jahrhundert, in: ders. (Hg.), Der deutsche Territorialstaat im 14. Jahrhundert, Bd. I, (Vorträge und Forschungen 13), Sigmaringen 1970, S. 9–64; Ahasver von Brandt, Ein Stück kaufmännischer Buchführung aus dem letzten Viertel des 13. Jahrhunderts [1964], in: Klaus Friedland/Rolf Sprandel (Hg.), Lübeck, Hanse, Nordeuropa. Gedächtnisschrift für Ahasver von Brandt, Köln/Wien 1979, S. 308–335.

7 Bruno Kuske, Die Entstehung der Kreditwirtschaft und des Kapitalverkehrs [1927], in: ders., Köln, der Rhein und das Reich, Köln/Graz 1956, S. 48–137.

8 Zuerst in: Paul Wilpert (Hg.), Beiträge zum Berufsbewußtsein des mittelalterlichen Menschen, Berlin 1964, S. 306–335, zit. nach dem Wiederabdruck in: Erich Maschke, Städte und Menschen. Beiträge zur Geschichte der Stadt, der Wirtschaft und Gesellschaft 1959–1977 (Vierteljahrschrift für Sozial- und Wirtschaftsgeschichte, Beiheft 68), Wiesbaden 1980, S. 380–419, das nachfolgende Zitat S. 380. Vgl. auch Jacques Le Goff, Marchands et banquiers au Moyen Age, Paris 1956, sowie Yves Renouard, Les hommes d'affaires italiens du moyen âge, Paris 1949.

9 Bruno Kuske, Die städtischen Handels- und Verkehrsarbeiter und die Anfänge städtischer Sozialpolitik in Köln bis zum Ende des 18. Jahrhunderts, Bonn 1914, Zitat S. 5; vgl. auch ders., Die Märkte und Kaufhäuser im mittelalterlichen Köln, in: Jahrbuch des Kölnischen Geschichtsvereins 2 (1913), S. 75–133.

10 Ermentrude von Ranke, Von kaufmännischer Unmoral im 16. Jahrhundert, in: Hansische Geschichtsblätter 50 (1925), S. 242–250, Zitat S. 244.

11 Ebd., S. 244f.

12 Georges Espinas, Les origines du capitalisme. I. Sire Jehan Boine Broke, Lille 1933; vgl. auch ders., Jehan Boine Broke, Bourgeois et drapier Douaisien, in: Vierteljahrschrift für Sozial- und Wirtschaftsgeschichte 2 (1904), S. 34–121, 219–253, 382–412, zum Testament S. 225.

13 Historisches Archiv der Stadt Köln, Testamente G 162; zit. nach v. Ranke, Unmoral, S. 243; vgl. auch Ennen, Stadt.
14 Maschke, Städte und Menschen, S. 407.
15 Ebd., S. 408f. mit allen Belegen.
16 Aloys Schulte, Geschichte der Großen Ravensburger Handelsgesellschaft 1380–1530 (Deutsche Handelsakten des Mittelalters und der Neuzeit 1–3), 3 Bde., Stuttgart 1923 (Nachdruck Wiesbaden 1964), Zitat Bd. III, S. 53; vgl. Maschke, Städte und Menschen, S. 413.
17 Vgl. u. a. Paul Johansen, Die Kaufmannskirche im Ostseegebiet, in: Studien zu den Anfängen des europäischen Städtewesens. Reichenau-Vorträge 1955–1956 (Vorträge und Forschungen 4), Konstanz 1958, S. 499–525; Matthias Zender, Heiligenverehrung im Hanseraum, in: Hansische Geschichtsblätter 92, (1974), S. 1–15; Karlheinz Blaschke, Nikolaikirchen und Stadtentstehung im pommerschen Raum, in: Greifswald-Stralsunder Jahrbuch 9 (1970/71), S. 21–40.
18 Vgl. Willi Rüger, Mittelalterliches Almosenwesen. Die Almosenordnungen der Reichsstadt Nürnberg, Nürnberg 1932, S. 72; vgl. Franz Irsigler/Arnold Lassotta, Bettler und Gaukler, Dirnen und Henker. Randgruppen und Außenseiter in Köln 1300–1600, Köln 1984, S. 25f.
19 Vgl. Maschke, Städte und Menschen, S. 409.
20 J. Stevenson (Hg.), Libellus de vita et miraculis S. Godrici, Heremitae de Finchale auct. Monacho Dunelmensi (Public. of the Surties Society), London 1845.
21 Maschke, Städte und Menschen, S. 412. Vgl. auch Georges Duby, Krieger und Bauern. Die Entwicklung von Wirtschaft und Gesellschaft im frühen Mittelalter, Frankfurt a. M. ²1981, S. 266–268, mit überzogenen Schlußfolgerungen.
22 Anton Josef Weidenbach (Bearb.), Regesta Bingiensia inde ab anno 71 usque ad annum 1793. Regesten der Stadt Bingen, des Schlosses Klopp und des Klosters Ruppertsberg, Mainz/Bingen 1853, S. 35 Nr. 376; freundl. Hinweis von Herrn Winfried Reichert, Trier.
23 Wilhelm Stieda, Hildebrand Veckinchusen. Briefwechsel eines deutschen Kaufmanns im 15. Jahrhundert, Leipzig 1921, Nr. 194. Vgl. demnächst Franz Irsigler, Der Alltag einer hansischen Kaufmannsfamilie im Spiegel der Veckinchusen-Briefe, in: Hansische Geschichtsblätter 103 (1985).
24 Maschke, Städte und Menschen, S. 383; vgl. hierzu auch Max Weber, Die protestantische Ethik. Eine Aufsatzsammlung, hg. v. Johannes Winckelmann, Bd. I, Schleswig ³1973, S. 42f.
25 Vgl. Franz Irsigler, Kölner Kaufleute im 15. Jahrhundert. Die Akten des Prozesses Rosenkrantz-Viehof als Quelle für die kölnische Handelsgeschichte, in: Rheinische Vierteljahrsblätter 36 (1972), S. 71–88, bes. S. 85.
26 Maschke, Städte und Menschen, S. 386f., Zitat S. 386.
27 Fritz Rörig, Lübecker Familien und Persönlichkeiten aus der Frühzeit der

Stadt [1928], in: ders., Wirtschaftskräfte im Mittelalter. Abhandlungen zur Stadt- und Hansegeschichte, Weimar 1959, S. 134–146, Zitat S. 146.

28 Stieda, Veckinchusen, Einl. S. XXX.

29 Vgl. Philippe Dollinger, Die Hanse, Stuttgart ²1976, S. 209 ff., bes. S. 219 ff.

30 Tagebuch des Lucas Rem, hg. v. Benedikt Greiff, in: Jahresbericht des Vereins für die Geschichte von Schwaben und Neuburg 26 (1861), S. 1; vgl. Maschke, Städte und Menschen, S. 383, auch zu Rucenberg.

31 Nach Fritz Rörig, Großhandel und Großhändler im Lübeck des 14. Jahrhunderts, in: ders., Lübecker Familien, S. 242.

32 Maschke, Städte und Menschen, bes. S. 393.

33 Caesarius von Heisterbach, Wunderbare und denkwürdige Geschichten, S. 59–61.

34 Hans Planitz, Zur Geschichte des städtischen Meliorats, in: Zeitschrift der Savigny-Stiftung für Rechtsgeschichte, Germanist. Abt., 67 (1950), S. 141–175.

35 Vgl. zuletzt Manfred Groten, Die Kölner Richerzeche im 12. Jahrhundert, in: Rheinische Vierteljahrsblätter 48 (1984), S. 34–85.

36 Nach Maschke, Städte und Menschen, S. 387.

37 Sebastian Brant, Das Narrenschiff, hg. v. Friedrich Zarncke (unveränd. reprograf. Nachdruck d. Ausg. Leipzig 1854), Darmstadt 1964, S. 19 f.

38 Vgl. Franz Irsigler, Zur Problematik der Gilde- und Zunftterminologie, in: Berent Schwineköper (Hg.), Zünfte und Gilden im Mittelalter (Vorträge und Forschungen 29), Sigmaringen 1985, S. 53–70 mit weiterer Literatur.

39 Toni Diederich, Revolution in Köln 1074–1918, Ausstellungskatalog Köln 1973, S. 31 ff.

40 Vgl. Niklot Klüssendorf, Der Aachener Wechslerprozeß. Städtische Münzpolitik und Devisenschmuggler im Spätmittelalter, Frankfurt a. M. 1975.

41 Vgl. v. Ranke, Unmoral, S. 245; Franz Irsigler, Die wirtschaftliche Stellung der Stadt Köln im 14. und 15. Jahrhundert. Strukturanalyse einer spätmittelalterlichen Exportgewerbe- und Fernhandelsstadt (Vierteljahrschrift für Sozial- und Wirtschaftsgeschichte, Beiheft 65), Wiesbaden 1979, S. 209–215.

42 Wolfgang von Stromer, Die Nürnberger Handelsgesellschaft Gruber-Podmer-Stromer im 15. Jahrhundert (Nürnberger Forschungen 7), Nürnberg 1963, S. 11 ff.

43 Vgl. z. B. Irsigler, Kölner Kaufleute; ders., Leben und Werk eines spätmittelalterlichen Kaufmanns am Beispiel des Johann van Nuyss aus Köln, in: Jahrbuch des Kölnischen Geschichtsvereins 42 (1968), S. 103–136, und die in Anm. 23 genannten Arbeiten.

44 Stieda, Veckinchusen.

45 Ebd., Nr. 319; vgl. Irsigler, Alltag, vor Anm. 93.

46 Ebd.

47 Vgl. Maschke, Städte und Menschen, S. 415ff.; Edith Ennen, Stadt und Schule in ihrem wechselseitigen Verhältnis, vornehmlich im Mittelalter [1957], in: dies., Gesammelte Abhandlungen zum europäischen Städtewesen und zur rheinischen Geschichte, Bonn 1977, S. 154–168. Der Lübecker Schulgerätefund ist publiziert durch Johann Warncke, Mittelalterliche Schulgeräte im Museum zu Lübeck, in: Zeitschrift für Geschichte der Erziehung und des Unterrichts 2 (1912), S. 227–250.

48 Vgl. Wolfgang Herborn, Bürgerliches Selbstverständnis im spätmittelalterlichen Köln. Bemerkungen zu zwei Hausbüchern aus der ersten Hälfte des 15. Jahrhunderts, in: Die Stadt in der europäischen Geschichte. Festschrift Edith Ennen, Bonn 1972, S. 507f.; zu den Veckinchusen-Töchtern vgl. Irsigler, Alltag.

49 Margret Wensky, Die Stellung der Frau in der stadtkölnischen Wirtschaft im Spätmittelalter (Quellen und Darstellungen zur hansischen Geschichte N. F. 26), Köln 1980, S. 297–299.

50 Neben der gründlichen Arbeit von M. Wensky ist jetzt vor allem auf die große Darstellung von Edith Ennen, Frauen im Mittelalter, München 1984, bes. Kap. III/2, zu verweisen.

51 Jacques Le Goff, Die Arbeitszeit in der »Krise« des 14. Jhs.: Von der mittelalterlichen zur modernen Zeit, in: ders., Für ein anderes Mittelalter. Zeit, Arbeit und Kultur im Europa des 5.–15. Jahrhunderts, Frankfurt a. M./Berlin/Wien 1984, S. 29–42.

52 Alle Belege in Irsigler, Alltag.

53 Bruno Kuske, Quellen zur Geschichte des Kölner Handels und Verkehrs im Mittelalter, Bd. III, Bonn 1923, S. 302f.; vgl. Franz Irsigler, Soziale Wandlungen in der Kölner Kaufmannschaft im 14. und 15. Jahrhundert, in: Hansische Geschichtsblätter 92 (1974), S. 59–78, bes. S. 76f.

Juliane Kümmell

Alltag und Festtag spätmittelalterlicher Handwerker

»Mentalität und Alltag im Spätmittelalter« heißt das Rahmenthema. D. h. es geht ganz allgemein um die materiellen Lebensbedingungen im Europa des 14. und 15. Jahrhunderts sowie um ihre spezifische Ausformung und Überhöhung durch die Menschen, die diesen Alltag lebten. Es geht um die konkreten Lebensverhältnisse, die sachlichen Gegebenheiten auf der einen Seite und auf der anderen Seite um die Träume, Sehnsüchte und Vorstellungswelten, um die geistigen Traditionen und Erinnerungen, welche kollektiv oder individuell ererbt und erworben wurden, schließlich um die Sehweisen, Verhaltens- und Lebensformen, die sich aus dem Zusammenwirken des Konkreten und des Imaginären ergeben, die so schwer zu fassen sind und doch den Schlüssel zum Verständnis mittelalterlicher Gesellschaften bilden.[1]

Im Wortpaar oder Gegensatz von Alltag und Festtag gewinnt das Thema festere, konkretere Konturen. Wir wollen der Frage nach Alltag und Festtag hinsichtlich der Handwerker in den spätmittelalterlichen Städte nachgehen, hinsichtlich von Menschen also, die, je nachdem um welche Stadt es sich handelt, eine beachtliche, eine entscheidende, nicht selten auch die größte Gruppe innerhalb der städtischen Bevölkerung ausmachen, neben Klerus, Adel, Kaufleuten, Gesinde oder Außenseitern. Allerdings steht sie, wenn man einmal von Zunftbewegung und »Zunftkämpfen« absieht, in der Kette der spektakulären Ereignisse, welche die historiographische Tradition konstituiert, eher im Hintergrund, während sie das alltägliche Bild spätmittelalterlicher Städte in weiten Teilen geprägt haben dürfte. Im folgenden soll es nun zunächst um verschiedene Aspekte des Alltags dieser städtischen Mittelschichten gehen, um dann die Formen ihrer Festtage zu skizzieren und schließlich einigen Überlegungen zu den Beziehungen zwischen Alltag und Festtag der Handwerker in den Städten des Spätmittelalters nachzugehen.

»Die Handwerker des Spätmittelalters« – was zunächst wie eine klar umrissene Formation erscheint, erweist sich bei näherem Hinsehen als äußerst heterogene Gruppierung mit Übergängen zu anderen sozialen Schichten, die zwar nicht hinsichtlich des rechtlichen Status und der Position im Gefüge der Stände, wohl aber hinsichtlich der Lebensbedingungen und Lebensformen fließend sind. Zu dieser Gruppe gehören die reichen Goldschmiede und Tuchmacher oder die Metzger ebenso wie die Schuster und Weber, die meist bedeutend bescheidener leben. Es gehören dazu die Gewerbe des täglichen Bedarfs, die Krämer, Bäcker und Wirtsleute ebenso wie die Maurer, Tischler und Zimmerleute mit ihren Gehilfen auf den großen Baustellen der Kirchen und Paläste, ebenso wie die Männer und Frauen in den Zentren der spätmittelalterlichen Exportgewerbe, etwa der englischen und oberitalienischen Tuchproduktion oder der Leinenweberei und Seidenwirkerei, der Messing- und Zinnproduktion z. B. in den oberdeutschen Städten.

Die Auffächerung innerhalb der einzelnen Handwerke macht dieses Bild noch facettenreicher. Sie beruht nicht nur auf unterschiedlichen Einkommen und Betriebsgrößen, sie wird vor allem dadurch bedingt, daß sowohl der Meister als auch die Meisterin, die Gesellen und die Lehrlinge beteiligt sind – d. h. verschiedene Lebensalter, Geschlechter, Erfahrungen, unterschiedliche Stufen von handwerklichem Können, Ansehen, Entscheidungsgewalt und materiellem Auskommen.

Zusammengehalten und geordnet wird diese Vielfalt in rechtlicher Hinsicht durch die Zünfte; über sie sind nicht nur die handwerkliche Produktion, die Proportionen und Übergänge der immanenten Hierarchie geregelt, über sie ist auch das Mitspracherecht im städtischen Rat erkämpft oder zumindest erstrebt, bisweilen sogar die Vorherrschaft errungen. Nach Zünften sind die Stadtwache und der Heerdienst organisiert, die Gesellschaftshäuser benannt und die Stiftungen eingerichtet. Bei genauerem Hinsehen erscheint es jedoch so, daß die Zunft vor allem den *Rahmen* für Gewerbe, Geselligkeit und religiöses Leben absteckt, während der *Alltag* in seinem Wechsel von Arbeit und Ruhe hauptsächlich durch die Familie und die spezifische städtische Lebenswelt geprägt ist. Dies gilt insbesondere für das Gros der kleinen und mittleren Handwerker, die nicht wie die Goldschmiede und Tuchermeister in das Umfeld der Patrizier entrückt sind und auch nicht wie die Gehilfen auf den Baustellen und in den großen Webereien ein ähnliches Leben wie Tagelöhner führen. Obgleich das Aufkommen der großen Gewerbebetriebe mit ihren ersten Formen von Lohnarbeitern und Unternehmer-Kaufleuten zu den Charakteristika der spätmittelalterlichen Wirtschaft gehört, ist doch nicht zu vergessen, daß dies lediglich die Spitze einer Entwicklung ist, die vor allem in den großen Städtelandschaften in Erscheinung tritt, während es in denselben Städten und umso mehr in den Klein- und Mittelstädten des übrigen Europa nach wie vor die Werkstätten und Handwerksstuben auf Familienbasis gibt, die für den städtischen Verbrauch selbst und allenfalls noch für das Umland oder die Jahrmärkte der Region, gelegentlich auch für die örtliche Hofhaltung arbeiten, jedoch nicht für den Export in großem Maßstab produzieren.

Im Idealfall arbeiten in einer solchen Werkstatt zusammen: Der Meister und die Meisterin, ein oder zwei Gesellen, ein bis drei Lehrlinge, die Kinder des Meisterpaars oder dessen unverheiratete Geschwister[2] – im ganzen eine stattliche Betriebsgröße, die jedoch eher selten vorkommt. Das 14. und 15. Jahrhundert sind geprägt durch Krisen, Seuchen, Hungersnöte und Kriege. Von der Großfamilie bleibt oft nur ein Torso – Witwer oder Witwen, Waisen, Halbwaisen, Eltern, die alle oder fast alle Kinder verloren haben, zahlreiche alleinstehende Männer und Frauen, die ohne die Absicherung in Ehe oder Familie ihren Weg durchs Leben nehmen.[3] Auch wenn der Zustrom vom Land, die hohe Mobilität von Stadt zu Stadt, die Einheirat von Gesellen, die Annahme an Kindesstatt viele demographische Lücken wieder schließen, hat man sich den einfachen Handwerkerhaushalt der Zeit wohl eher mit drei bis sechs, seltener mit gegen zehn Personen, wenn nicht gar als Einmann- oder Einfraubetrieb vorzustellen.

Hinzu kommt, daß mit den wachsenden Gegensätzen zwischen Meistern und Gesellen, die sich infolge wirtschaftlicher Probleme des traditionellen Handwerks im Spätmittelalter ergeben, die Gesellen sich immer stärker aus dem Verbund mit den Meistern auszugliedern und eigene Gilden und Stuben zu bilden beginnen, eine Tendenz, die durch die Wander- und Mutzeit, durch den Zwang zur Ehelosigkeit und durch die wirtschaftliche Unsicherheit – eine Anstellung erfolgt zwar teilweise langfristig, häufig jedoch auch nur wochen- oder tageweise – unterstützt wird.[4]

Anders als heute sind in den spätmittelalterlichen Städten – die allerdings auch wesentlich kleiner sind, so rechnet man die wenigen Großstädte ab 10000 Einwohner, die Mittelstädte ab 2000 Einwohner, die Kleinstädte ab 500 Einwohner[5] – meist alle Handwerker eines

Gewerbes in derselben Straße oder zumindest im selben Viertel angesiedelt. Dies geschieht aus Gründen der gewerblichen oder politischen Organisation, aus Gründen der Kontrolle, nicht zuletzt auch aus praktischen Erwägungen, etwa der Notwendigkeit von fließendem Wasser oder Lager- und Trockenhallen für Färber und Gerber. Auch der Hauptabnehmerkreis kann einen bestimmten Standort bedingen, man denke nur an die Siedlungsstrukturen von Bischofsstadt und Kaufmannsstadt, die viele mittelalterliche Städte aufweisen. Ausschlaggebend sind letztlich Armut oder Reichtum der Meister – so liegen die angesehensten Wohnplätze im Zentrum, d. h. am Markt, und entlang der Hauptstraßen, während sich ärmere Existenzen mit einer Behausung in den Seitengassen, in der Nähe der Stadtmauern oder in den Vorstädten begnügen müssen. Schließlich kann auch die bloße Einschätzung eines Gewerbes durch die Umwelt den Wohnort bestimmen, so die Vorstellung von der ›Unehrlichkeit‹, die neben technischen Notwendigkeiten, neben Geruchs- und Lärmbelästigung dazu beiträgt, daß z.B. die Gerber oder Müller nicht nur sozial, sondern auch topographisch in die Randzonen der städtischen Gesellschaft verbannt werden.[6]

Die Häuser der meisten Handwerker haben wir uns eher bescheiden vorzustellen. Aus Fachwerk oder Backstein, mit einem Stroh- oder Ziegeldach, in den größeren Städten schmalbrüstig und ein bis drei Stockwerke in die Höhe geschossen, in den Landstädten, wo der Bauplatz weniger beengt sein mag, eher in der Breite erweitert, haben sie meist noch einen Hof mit Stall und kleinem Garten, wie auch viele Handwerkerfamilien noch ein Stück Land, einen Baum- oder Weingarten vor den Toren der Stadt besitzen.[7] Vom Landleben trennt gerade die einfacheren Städter nicht etwa ein tiefer Graben, sondern lediglich eine Verlagerung der Schwerpunkte, zumal viele von ihnen – oder zumindest ihre Eltern oder Großeltern – vom Lande zugezogen sind, zumal Stadt und Land im Spätmittelalter noch in vielfältiger Weise miteinander verflochten sind und die (Vor-) Herrschaft der Stadt über das Land sich meist erst in Ansätzen zeigt.

Die Häuser können Eigentum ihrer Bewohner sein, wie z. B. im Fall des Schusters Hans Mack, Bürger zu Nördlingen, der 1440 Haus, Gärtlein und eine ganze Hofreite, in der Lücke zwischen Hans Dekkers und der Witwe Rötingerin Haus gelegen, an Paul Lachan verkauft.[8] Sie können aber auch lediglich zur Pacht oder Miete überlassen sein. Gerade bescheidenere Handwerker haben in den großen Städten bisweilen nur ein Stockwerk oder ein paar Räume in einem größeren Anwesen gemietet, vor allem dort, wo für eine wachsende Zahl von Tagelöhnern und Lohnarbeitern ohnehin mehrstöckige Mietshäuser errichtet und gewinnbringend vermietet werden, z. B. in Florenz oder Paris.[9]

Arbeit und Familienleben, Privates und Öffentliches hat man sich bekanntlich in den Städten des Mittelalters nicht scharf voneinander getrennt, vielmehr ineinander verwoben vorzustellen. So vollzieht sich der Tageslauf in Werkstatt, Stube und Küche nebeneinander, bisweilen auf kleinstem Raum. Der Verkauf erfolgt entweder in der Werkstatt selber, häufig über einen ausklappbaren »Laden«, aber auch an einem Stand vor der Tür oder auf dem Markt. Bäcker und Fleischer z. B. haben eine fest gemauerte Schranne, Bank oder Laube.[10]

In den Häusern wirkt es für unsere Verhältnisse wegen der engen Gassen, der kleinen, meist nicht mit Glas, sondern mit einem Laden verschlossenen Fenster eher dunkel und meist auch zugig. Allerdings ist anzunehmen, daß Isolierung und Temperaturausgleich in Fachwerkhäusern wesentlich günstiger sind als in Steinhäusern und Burgen. Zum Kochen und Heizen zugleich dient ein offener Herd, bisweilen finden sich auch schon Öfen.[11] Das Wasser muß meist am nächsten öffentlichen Brunnen geholt werden – der eigene Brunnen im Hof ist ein Privileg der besonders Wohlhabenden.

Die Möblierung fällt im allgemeinen sparsam und schlicht aus, zumal oft nur wenig Platz vorhanden ist: Bank, Tisch, Bett und Truhe machen im wesentlichen die Ausstattung aus. Hinzu kommen ein paar Decken und Kissen, ein Federbett, etwas Leinzeug. In der Küche treten eiserner Kessel, Pfannen und Messer hervor; die meisten Gerätschaften, die sich hier finden – Schüsseln, Löffel, Krüge, Tröge, Fässer – sind aus Ton oder Holz verfertigt. Zinnernes Geschirr, das an sich eine Nachahmung adligen Silbers darstellt, bleibt auf die Haushaltungen wohlhabender Bürger beschränkt.[12] So erfahren wir etwa von Johan Slaweskop, der, soweit sich ermitteln läßt, Schuhmacher war, daß er 1352 zu Lübeck testamentarisch neben Vieh, Werkzeug, Boden und Geld auch 14 Grapen, 7 Quartkannen, 3 Kannen zu einem halben Stübchen, 2 Truhen, 8 Kissen, 2 Paar Leintücher, 2 Betten, 1 Kopfpfühl, 3 Pfühle für die Knechte, 5 Kessel, 2 Dreifüße, 8 Seiten Fleisch, 2 Decken, 14 Paar Spangen u. a. m. vermacht.[13]

Anders als in den Patrizier- und Zunfthäusern oder auf den Sitzen des Adels und der hohen kirchlichen Würdenträger, welche in dieser

Zeit oft mit prächtigen Wandgemälden geschmückt oder gar mit Teppichen ausgeschlagen sind, dürften die Wände der Handwerkerhäuser überwiegend kahl gewesen, vielleicht mit einigen Ornamenten oder glückbringenden Zeichen bedeckt gewesen sein. Der sanitäre Bereich läßt sich durch den Abtritt über der Miste im Hof, durch Eimer, Waschschüssel und Ausguß sowie durch das gelegentlich im Zimmer zubereitete oder in der öffentlichen Badestube genossene Bad umreißen.[14]

Auch die Kleidung der meisten Handwerker scheint im Alltag ohne großen Aufwand gewesen zu sein. Bei den wohlhabenderen aus Tuch oder Leinen, bei den Ärmeren aus Barchent – einem Mischgewebe aus Leinen und Baumwolle – oder nur aus Baumwolle verfertigt, oft grau belassen, mit Krapp blau oder mit Erdfarben rötlich und bräunlich gefärbt, bisweilen auch – z. B. als Basler Vogelschürlitz – bunt bedruckt. Die Kleiderordnungen, die Pelzwerk, Samt und Seide oder teuren Schmuck für Bürger verbieten, dürften sich vor allem gegen die reiche zünftische Oberschicht wenden. Die mittleren und ärmeren Handwerker verfügen über einige Stücke Ober- und Unterbekleidung zum Wechseln, vielleicht ein besseres Stück für den Feiertag, einen Schafspelz oder Gestricktes gegen die Kälte, Schuhe aus Holz oder Leder. gelegentlich ein goldenes Ringlein oder eine Kette aus vergoldetem Messing oder Silber, mit Glas oder einfachen Steinen besetzt.[15]

Im Tageslauf der Handwerker sind die Zeiten der Arbeit und der Ruhe meist nicht die zwei großen, scharf voneinander abgehobenen Komplexe, als die sie uns heute begegnen. Eine städtische Zeit[16] mit mathematisch bemessenen, gleichlangen Stunden beginnt sich zwar im 14. Jahrhundert herauszubilden, doch zeigt auch sie sich zunächst nur an der Spitze der Entwicklung, vor allem in den flandrischen und oberitalienischen Städtelandschaften bei den Webern und Walkknechten im Textilgewerbe, die um das Recht auf – die bis dahin verbotene – Nachtarbeit oder um die Erlaubnis für eine längere Arbeitszeit zur Aufbesserung ihrer durch Geldentwertung verschlechterten Löhne nachsuchen, aber auch bei den Tagelöhnern im Weinbau, die eine klar ausgegrenzte freie Zeit erstreben, um darin eigenen Beschäftigungen nachzugehen, oder bei den Inhabern der Gewerbebetriebe, die ihre ›Arbeiter‹ durch den Stundenschlag des städtischen Glockenturms an größere Pünktlichkeit und einen genauen Arbeitsbeginn zu gewöhnen trachten.

Bei den traditionellen Handwerken in den kleinen und mittleren

Städten Europas, das heißt außerhalb der neuen gewerblichen Unternehmungen, deren Produktion über Kreditgeschäfte, Lieferfristen und einen quantitativen Sprung, welcher sich vergleichsweise wie eine Vorstufe der Massenproduktion ausnimmt, an Fertigungszahlen und ein fragiles Netz von Terminen gebunden ist, die gelegentlich auch jenseits zünftischer Reglements steht, das heißt außerhalb höfischer Kreise, in denen die Uhr, die die Stunden mißt, zu einem Zeichen des Prestiges und der Macht wird, das heißt außerhalb der Kaufmannskreise, in denen die genau gemessene Zeit zur Grundlage der Geschäfte und schließlich auch des persönlichen Tageslaufs wird, bleibt die Zeit der Städte und der Handwerker mit der fließenden, an Tages- und Jahreszeiten orientierten ländlichen Zeit und mit den darauf aufbauenden Rhythmen und Glockenschlägen der kirchlichen Zeit verbunden.[17] Der Tag, und das heißt der Arbeitstag reicht von Sonnenaufgang bis Sonnenuntergang, was im jahreszeitlichen Wechsel eine unterschiedliche Zahl von Stunden, öfter noch unterschiedlich lange Stunden mit sich bringt. Die ungünstigen Beleuchtungsmöglichkeiten in den Häusern – Kienspan, Talglicht, Öllampe – und in der Stadt, aber auch die große physische Belastung eines Lebens ohne größere Bequemlichkeiten, einer Arbeit mit vergleichsweise wenigen technischen Hilfsmitteln, welche nach wie vor an menschliche oder tierische Arbeitskraft, seltener an Wasser oder Wind gebunden ist, haben zur Folge, daß an gewöhnlichen Tagen ›mit den Hühnern‹ ins Bett gegangen und schon allein, um das Tageslicht für die Arbeit zu nützen, auch ebenso früh wieder aufgestanden wird.[18]

Die Arbeit ist in Handwerkerkreisen von Gewerbe zu Gewerbe mit äußerst unterschiedlichen Belastungen und Rhythmen verbunden – man vergleiche etwa die Rahmenbedingungen von Mauerei, Töpferei, Stickerei oder denke an die Pausen, die sich z.B. beim Baugewerbe durch die Jahreszeiten ergeben, in anderen Fällen durch das Warten auf Aufträge, auf Materiallieferungen oder auch durch die bloße Notwendigkeit elementarer physischer Erholung, denn wir befinden uns in einer Zeit äußerst schwankender Ernährungslage und zahlloser, kaum bekämpfbarer Krankheiten. Aber auch innerhalb des einzelnen Handwerkerhaushalts läßt sich eine große Variationsbreite von Arbeitsweisen, -rhythmen und -belastungen erkennen; Erziehung der Kinder – und als solche werden bis zu einem gewissen Grade auch die Lehrlinge verstanden, die z.T. schon mit 12 Jahren ihre Lehrzeit beginnen und im allgemeinen auch im Haushalt des Meisters beherbergt und verköstigt werden[19] – Hausarbeit, Kochen, Waschen, Putzen, Vieh und Garten versorgen, der Verkauf, die Verhandlungen mit der Kundschaft und die eigentliche handwerkliche Produktion sind nicht nur räumlich kaum voneinander getrennt, sie greifen auch zeitlich eng ineinander, verlaufen oft mehr oder weniger parallel. Alle Mitglieder des Haushalts sind in irgendeiner Form am Gewerbe beteiligt: Meister und Geselle gewissermaßen ›hauptberuflich‹, die Meistersfrau entweder mit einem bestimmten Abschnitt der Fertigung oder mit Zuarbeit und Verkauf.

Im Spätmittelalter finden sich Frauen in zahlreichen Gewerben, sei es, weil sie als Witwen die Werkstatt ihres Mannes weiterführen, sei es, weil sie als eigenständige Meisterinnen zugelassen sind. Auch verheiratete Frauen finden sich, die außerhalb der häuslichen Werkstatt, gelegentlich sogar in einem anderen Berufszweig arbeiten – meist geschieht dies aus wirtschaftlicher Notwendigkeit. Die Chancen für Frauen, Arbeit zu finden, sind relativ gut, da sie meist schlechter entlohnt werden können als Männer. Oft finden wir sie in Hilfsdiensten bei der Textilproduktion, als Köchinnen oder Verkäuferinnen, jedoch auch als Spezialistinnen in der Hutmacherei und Seidenwirkerei.[20]

Jüngere Geschwister, Lehrlinge und Kinder sind in den Arbeitsprozeß eingegliedert – Kinderarbeit, zumal leichtere, gilt in dieser Zeit als etwas Alltägliches, da Kindheit nicht als fest umrissener (Frei-) Raum verstanden wird und sich erst allmählich als gesonderter Lebensabschnitt herauszukristallisieren beginnt. So werden Kinder neben der Zuarbeit für Hausarbeiten und Botengänge herangezogen, seit dem 15. Jahrhundert bisweilen auch zu einem Schreib- oder Rechenmeister geschickt, um dort in der Volkssprache Lesen und Schreiben oder auch Rechnen zu lernen. Insbesondere letzteres stellt in Anbetracht der unzähligen Maß-, Gewichts- und Währungseinheiten, dem Vorherrschen der römischen Ziffern, welche umständlichere Rechenverfahren erfordern, aber auch aufgrund der Rechentechniken mit Fingern und Abakus, nicht nur eine Notwendigkeit für den aufstrebenden jungen Bürger, sondern geradezu ein Erfolgsgeheimnis und eine Kunst dar.[21]

Die Zeit der Ruhe ist zum Teil mit der Zeit der Arbeit verflochten. Bei geringem Arbeitsanfall ergibt sich zwischendurch Gelegenheit zu einer Pause oder zu kurzem Schlaf. Auch lassen sich die 14 Stunden, die der Arbeitstag faktisch etwa dauert, nicht Tag für Tag hintereinander abspulen.[22] Sie erfahren, wie bereits erwähnt, ganz von selbst Unterbrechungen und werden von zwei großen ca. anderthalb Stunden langen Pausen für die beiden damals üblichen Hauptmahlzeiten unterteilt – das Mittagessen, das nach einem in Südeuropa frugalen, in Nordfrankreich und England gerade bei Handwerkern üppigen Frühstück zwischen zehn und zwölf Uhr morgens stattfindet, und das Abendessen zwischen vier und sieben Uhr nachmittags. Doch variieren diese Zeiten und Gewohnheiten je nach Region und sozialer Zugehörigkeit, auch können sie in Fastenzeiten Einschränkungen erfahren.[23]

Die Speisen sind selbst bei den Handwerkern abwechslungsreicher als gemeinhin für das Mittelalter angenommen wird. In der kalten Jahreszeit, vor allem aber während der im 14. und 15. Jahrhundert immer wiederkehrenden Hungersnöte mußte man mit wenigem vorliebnehmen – die Begebenheiten, da sich ausgehungerte Menschen in ihrer Verzweiflung auf Schweinefutter oder Katzen stürzen, sind bekannt. In ungetrübteren Zeiten jedoch spielen neben Brot, Mus, Schmalz, Hülsenfrüchten, Kohl, Bier (im Norden) und Wein (im Süden) als Grundnahrungsmittel, außerdem Speck, Wurst, Fleisch und Fisch, Eier, Milch und Käse sowie frisches Obst und Gemüse eine Rolle. Gelegentlich erhalten Gesellen und Lehrlinge einfachere Kost als die Meister, z. B. Suppe mit Brot oder etwas Käse. Teure Gewürze aus fernen Ländern werden in durchschnittlichen Handwerkerküchen kaum verbraucht, doch finden sich eine Vielzahl von Kräutern, Zwiebeln, Senf und Essig bei der Speisezubereitung.[24]

Neben Essen und Schlafen bleiben immer wieder kürzere oder längere Abschnitte von Mußezeit. Sie füllen sich z. T. wie von selbst im Gespräch, im Zuschauen und Zuhören, denn die Stadt ist ein Umschlagplatz für Neuigkeiten und Neuerungen. Bei den Handwerkern, deren Leben mit Straße und Markt eng verbunden ist, macht sich dies besonders deutlich bemerkbar. Ferner zerstreuen sich nicht nur die Kinder mit Puppen und Bällen, mit Kreis- und Wettspielen. Gerade aus zahlreichen und oft wiederholten Verboten läßt sich auf eine wahre Spielleidenschaft der Erwachsenen schließen. Dabei geht es um Dame, Federball, Bogenschießen und vor allem um Karten- und Würfelspiele. Eine Partie läßt sich am Tag oder abends immer wieder einmal einschieben.[25] Ein Abstecher in die Wirtshäuser oder in die Trinkstuben der Zünfte erscheint ebenso verlockend. Das gleiche gilt für die Badestuben – ein Ort der Geselligkeit, an dem gespielt, gefeiert und gegessen wird, oder für die gerade in den größeren mittelalterlichen

Städten allgegenwärtigen Bordelle, in denen sich nicht zuletzt die Gesellen wiederfinden.[26]

An Markttagen und bei der Kirmes läßt sich Musikanten zuhören oder fahrenden Sängern, kann man Schausteller und Wunderdoktoren bestaunen. Hier finden sich auch Tanz und Wettspiele, kunstvoll geplant oder schnell improvisiert. So beschließen etwa 1432 die Männer einer Pariser Gemeinde, mit einem neuen Spiel für Unterhaltung zu sorgen. Eine lange, eingefettete Stange wird aufgerichtet und in der Erde befestigt, an deren Spitze eine Gans und sechs Pfennige befestigt sind. Wer hinaufkommt, soll sie behalten dürfen, aber trotz zahlreicher Versuche gelingt es niemandem.[27]

Besondere Beliebtheit genießt in den Städten des Spätmittelalters das Theater, das meist auf den großen Plätzen vor einer drängenden Menge von Zuschauern unter freiem Himmel stattfindet. Für ein breites städtisches Publikum sind die Mysterienspiele gedacht, die in dieser Zeit aufkommen und bald die Szene beherrschen. Sie sollen zugleich erbauen und unterhalten, sollen die neuen, von den Bettelorden auch in der Predigt vermittelten, von der Mystik beeinflußten theologischen Grundsätze verbreiten und dabei mit komischen oder grausamen Szenen von den Bedrängnissen und dem psychischen Druck entlasten, welche durch die allgemeine Umbruchsituation, nicht zuletzt aber auch durch einen genau festgelegten Sittenkodex und eine scharfe soziale Kontrolle entstehen. Gegeben werden Weihnachts- und Passionsspiele sowie Martyrien beliebter Heiliger, etwa der Heiligen Agathe oder des Heiligen Martin. Die Stücke sind durchzogen von Allegoriendarstellungen, in denen Gut und Böse, Tugenden und Todsünden miteinander kämpfen. Die großen Aufführungen sind auf vier Tage angesetzt, können jedoch auch länger dauern. Teils auf einem einfachen Gestell, teils auf einer riesigen, mit kostbaren Stoffen ausgeschlagenen und mit einer komplizierten Mechanik versehenen Bühne treten dann Laiendarsteller – Angehörige der städtischen Oberschicht, der Handwerkerschaft oder Studenten – in Aktion, die häufig zu Gesellschaften zusammengeschlossen sind und auf diesem Wege gleichzeitig für ihr Vergnügen und für ihr Seelenheil sorgen.[28]

Die Aspekte der Mußezeit und der Zerstreuung städtischer Mittelschichten führen in den Bereich des *Festtags* hinein. Festtage sind im Spätmittelalter, einer Zeit ohne unsere heutigen ›Ferien‹, zahlreich. Außer den Sonntagen und den hohen kirchlichen Feiertagen gilt es die zahlreichen Feste des Heiligenkalenders mit seinen regionalen und lokalen Besonderheiten zu feiern. Bei herausragenden Anlässen wird der Alltag durch eine ganze Folge von Feiertagen unterbrochen, doch ist die Ausgangsbasis der in der Schöpfungsgeschichte als Ruhetag eingesetzte Sonntag; die Arbeit wird meist am Vortag gegen vier Uhr nachmittags beendet.[29]

Wie alle geistigen Erscheinungen des Mittelalters, wie alles, was mit der Sehweise und den Mentalitäten mittelalterlicher Menschen zusammenhängt, so sind auch Auffassung und Ausformung des Feiertags primär religiös bestimmt,[30] obwohl zahlreiche, nicht eigentümlich christliche Elemente darin eingehen und außerdem eine ganz konkrete Rückkoppelung an den Alltag besteht, wie noch zu zeigen ist. Das Kernstück jedes Festtags bildet der Gottesdienst: Mindestens eine, meist mehrere Messen oder Hochämter überhöhen den Feiertag, transzendieren seine irdische Bedeutung und schließen die Verbindung zwischen Gott und seiner Christenheit oder verdeutlichen sie zumindest.

Ein weiteres, fast immer anzutreffendes Element des Feiertags bildet das Festgewand. Bei den Handwerkern, die nicht gerade ausgesprochen wohlhabend sind, heißt dies häufig schlicht die *neuen* Kleider, eine besondere Haube, ein schön gefärbtes Wams.[31] Wichtig ist ferner der Festschmaus, der an den Höfen zu stundenlangem Tafeln mit einer endlosen Zahl von exotischen Speisen und zahlreichen unterhaltenden Einlagen werden kann, während es in den durchschnittlichen Handwerkerfamilien bescheidener zugeht: Wein, Weißbrot, Braten und Gebäck zählen dort zu den Feiertagsspeisen; bereits die größere, vielleicht sogar beliebig verfügbare Menge des Essens kann in dieser Zeit der Hungersnöte und der unregelmäßigen Ernährung, die besonders die mittleren und unteren Schichten der Gesellschaft treffen, eine Art Fest im Fest bedeuten.[32]

Die genannten Elemente konstituieren in der Regel bereits den gewöhnlichen Sonntag. An hohen Kirchenfeiertagen finden sie sich in größerer Pracht und Menge, begleitet von spezifischen, oft regional variierenden Bräuchen, die z. T. vorchristliche Wurzeln haben – erinnert sei hier nur an die großen Festessen, die die Fastenzeit zu Weihnachten und zu Ostern beenden, an bestimmte Eier- oder Mandelkuchen, an den Schweine- oder Lammbraten, an die Gewohnheit, das Haus mit Birken- oder Tannengrün zu schmücken oder neue Gewänder anfertigen zu lassen; erinnert sei auch an die Fastnachtsbräuche oder an die ambivalent besetzten Tiere und Symbole – z. B. den Drachen –, die bei Prozessionen mitgeführt werden.[33]

Die großen Familienfeste, die die Zäsuren des physischen Lebens, Geburt, Hochzeit und Tod, überhöhen, sind ebenfalls von diesen Elementen und spezifischen Bräuchen begleitet. Stets haben sie öffentlichen Charakter und beziehen eine große Menschenmenge ein, die neben der Verwandtschaft auch die Nachbarschaft und die Zunft umschließt. Hochzeiten z. B. werden, wie auch andere Geselligkeiten mit Schmaus, Musik und Tanz in den Zunft- und Gesellschaftshäusern gefeiert, von denen sich die stattlicheren und mithin stabileren noch heute in manchem Altstadtkern bewundern lassen. Zahlreiche Ratsverordnungen, die die Üppigkeit solcher Begängnisse bekämpfen sollen, weisen darauf hin, daß es für die Handwerker an solchen Tagen nicht nur um das Prestige, sondern auch um den Schritt aus der alltäglichen Enge mit ihren zahlreichen Beschränkungen geht, und daß die Verbindung zu ländlichen Lebensformen hier noch lange nicht abgerissen ist.[34]

Einen Höhepunkt im Jahreslauf der Handwerker stellen die Feste dar, an denen der heilige Patron von Bruderschaft oder Zunft gefeiert wird. Oft übernehmen sie dann nicht nur die Ausschmückung ihrer Kirche oder Kapelle, sondern auch der Straße oder des Viertels, gelegentlich sogar der ganzen Stadt. Besondere Kerzen werden für den Gottesdienst gestiftet, Häuserreihen mit Blumen und Teppichen behängt. Den Mittelpunkt solcher Feste bilden Prozessionen, in welchen die Mitglieder eines oder mehrerer Gewerbe, entsprechend ihrer Bedeutung in Zunft und städtischer Gesellschaft aufgestellt, dem Heiligen ihre Verehrung darbieten oder um seine Hilfe bitten, was gerade in Zeiten der Not unter Anteilnahme großer Teile der Stadtgemeinde geschieht. Doch werden daneben auch weltliche Fest-, Auf- und Umzüge veranstaltet, lebende Bilder und Allegorien dargestellt oder große und prächtige Theateraufführungen abgehalten. Auf diese Weise wird nicht nur der heilige Patron geehrt, sondern auch die Zunft erhöht. Die Kosten tragen die Mitglieder gemeinsam – in einigen Fällen bleibt die Vereinigung für immer ruiniert.[35]

Ein ähnliches Erscheinungsbild weisen große Feste auf, die eine starke weltlich-politische Komponente haben, die jedoch nie aus dem kirchlich-religiösen Rahmen herausgelöst und häufig auch an hohen Feiertagen begangen werden. So finden wir auch den Ritterschlag der Königssöhne, die Königshochzeit, den Vertragsabschluß zwischen

Herrscherhäusern oder die »Entrée«, den ersten Besuch der französischen Könige in ihren Städten, mit Umzügen und Messen gefeiert. Auch diese Ereignisse werden von Festessen und Tanz begleitet, und wieder figurieren dabei die Handwerker. Diesmal repräsentieren sie jedoch nicht primär ihr Gewerbe, die Ordnung und Bedeutung ihrer Zunft; stattdessen verkörpern sie das Handwerk schlechthin oder mit den Kaufleuten zusammen die Stadt als solche. Die Bürgerschaft, die »gute Stadt«, zeigt sich dabei als einheitliche Formation neben Klerus und Adel, hinter die sie jedoch nicht nur wegen ihrer bescheideneren Ausstattung und ihres geringeren, noch zu festigenden Ansehens zurücktritt. Hier stellt sie den niedersten Teil einer Weltordnung dar, die im Herrscher ihren irdischen Höhepunkt findet.[36] In die *Grandes Chroniques de France* finden sie anläßlich eines Berichts vom Einzug König Karls V. in Paris am 17. Oktober 1350 folgendermaßen Eingang: Alle Arten von Handwerkern standen da, jedes Gewerbe in einer Farbe gekleidet und die Bourgeois, die städtische Oberschicht, in anderen Gewändern, ebenfalls alle gleich gekleidet, ferner die Lombarden mit hohen, spitzen Hüten von Kopf bis Fuß zweifarbig gewandet. So zogen sie teils zu Fuß und teils zu Pferde mit dem König und es herrschte große Freude.[37]

Die bisher aufgeführten Festtage werden in, für und mit sozialen Gruppierungen begangen; sie überhöhen, bestätigen und festigen deren Zusammenhalt und damit auch die Wertvorstellungen, auf denen ihr Zusammenleben und ihr Alltag beruhen.[38] Doch gibt es ferner Möglichkeiten, für eine begrenzte Zeit aus dem Alltagsleben herauszutreten und sich anderen Normen unterzuordnen; zwei Formen haben als kurze Abfolge kirchlich verankerter Feiertage im Leben spätmittelalterlicher Menschen ihren festen Platz gefunden. Dies sind einmal die Wallfahrten, die keinesfalls immer nach Rom, Jerusalem oder Santiago de Compostella führen, auch wenn diese Ziele besondere Anziehungskraft ausüben und viele, auch weniger bemittelte Zeitgenossen den langen Weg auf sich nehmen. Für die Handwerker, die ihre Werkstatt und ihren Laden nicht ohne weiteres längere Zeit allein lassen können oder wollen, spielen Pilgerfahrten zu regionalen und lokalen Wallfahrtsorten eine weit größere Rolle. Solche Reisen erfüllen dabei mehrere Funktionen zugleich: Die Erwirkung göttlicher Gnade steht religiös gesehen im Mittelpunkt. Außerdem bietet sich Gelegenheit, Neues zu hören und zu sehen, aus der gewohnten Enge herauszukommen, andere Leute zu treffen und eine Zeit vergleichsweiser Muße und Ruhe zu erleben. Auf die Bedeutung dieser Aspekte verweist die Tatsache, daß Wallfahrten oder ihr religiöser Nutzen in kirchlichen Kreisen der Zeit nicht unumstritten sind; daran erinnert auch die Tatsache, daß Chaucers *Canterbury Tales* in einer Gruppe von Reisenden erzählt werden, die sich auf dem Weg zum Grabe des Heiligen Thomas Beckett kennengelernt haben.[39]

In das Kirchenjahr fest eingelassen ist der Karneval – in einigen Regionen übernimmt auch die Phase der zwölf Nächte, d. h. die Zeit zwischen Weihnachten und Dreikönig, seine Formen und Funktionen –, der ursprünglich nichtchristlichen Kulturkreisen zugehörte und wahrscheinlich von den Domkapiteln in einen kirchlichen Gesamtzusammenhang gebracht worden ist. Hier wird das Heraustreten aus dem Alltag durch dessen Umkehr bewirkt. Verkleidung, sogenannte ›Sittenfreiheit‹, die aber durchaus ihren eigenen Gesetzen unterliegt, letzte Völlereien vor der Fastenzeit, Tanz, Spiel und Ausgelassenheit beherrschen das Bild. Dabei werden Bettler zu Königen und Männer zu Frauen. Die Wilden Leute und Fabelwesen kehren aus den Wäldern zurück, in die sie verdrängt wurden. Die ›Volkskultur‹, die Kultur der Menschen, die nicht dem Klerus oder anderen Eliten angehören, eine Kultur, die auf mündlicher Überlieferung beruht und keine Schriftlichkeit kennt, die kaum oder nur oberflächlich christianisiert ist, tritt an diesen Tagen deutlich hervor und stellt sich neben die offizielle, klerikal geprägte Kultur.[40]

Vieles, was sonst zu sagen, zu beschimpfen oder zu tun verboten ist, ist jetzt erlaubt oder geht zumindest straffrei aus. Die Wendung der »Ventilfunktion des Karnevals« gewinnt angesichts der spätmittelalterlichen städtischen Gesellschaft mit ihren rigiden Normen und ihrer strengen sozialen Gliederung, mit ihrem engen, quasi-öffentlichen Zusammenleben auf kleinstem Raum und ihrem starken Gefälle zwischen Arm und Reich, mit den alltäglichen Belastungen und den Nöten der großen Katastrophen besondere Aussagekraft. Wie in bestimmten Theaterszenen wird hier eine Gegenwelt geschaffen, die umso stärker wirken kann, als das Publikum das Geschehen nicht nur schauend und hörend im Geiste nachvollzieht, sondern, vermittelt durch Gesten und Riten, den Ausbruch aus Gesellschaft und Gewohntem sowie die anschließende Wiedereingliederung gewissermaßen leibhaftig durchlebt. Da der materielle und physische Druck der alltäglichen Lebensverhältnisse, je weiter wir uns sozial von stadtsässigen Adligen und Patriziern in Richtung auf die städtischen Unter- und

Mittelschichten bewegen, tendenziell eher wächst und die Bewegungsfreiheit in vielerlei Hinsicht abnimmt, liegt es nahe, daß der Karneval für Handwerkerkreise und insbesondere für die Gesellen keine unwichtige Rolle bei der Bewältigung ihres Alltags spielt. Bisweilen mißlingt jedoch die Ausgrenzung des Festtags aus dem Alltag, das ›Ventil‹ versagt, und aus dem Scherz wird bitterer Ernst. Fastnacht, Karneval, ist nicht nur die Zeit des Vergnügens, sondern auch die Zeit der Messerstechereien und Krawalle; so mancher Aufstand des Spätmittelalters und der frühen Neuzeit hat hier seinen Ausgang genommen.[41]

Fassen wir zusammen, so läßt sich über die *Beziehung zwischen Alltag und Festtag* aufgrund der hier betrachteten Aspekte folgendes festhalten:

Zum einen ist der Festtag ein Schritt aus dem Alltag, aus seiner Gleichförmigkeit und seinen Mühsalen heraus – eine Zeit der physischen Erholung, aber auch der psychischen Entlastung. Hier scheinen für kurze Zeit die Träume von einer besseren Welt Wirklichkeit zu werden, einer Welt ohne Arbeit – die im Spätmittelalter noch keinen oder nur in Ansätzen einen Wert an sich darstellt,[42] einer Welt, in der es die häufig entbehrte Nahrung im Überfluß gibt, einer Welt des Spiels und der Zerstreuungen.

Zum anderen aber verweist der Festtag auf den Alltag, führt gewissermaßen auf ihn zurück. Nicht nur, daß die alltäglichen Geschäfte danach mit frisch gesammelten Kräften erneut gemeistert werden können. Darüber hinaus kann beim Festtag die Rolle, die eine soziale Gruppe – oder auch ein Einzelner – beansprucht, ausgeschmückt und zelebriert werden, ebenso der Zusammenhang innerhalb der Gruppe aktualisiert und der Zusammenhalt der Gesamtgesellschaft augenfällig dargestellt und ins Bewußtsein gerufen und dabei zugleich auf den übergeordneten, christlichen Sinn des Daseins verwiesen werden. Auf diesem Wege aber finden sich wiederum die Vorstellungen von oben und unten, von Anstand und Schande im Grundsätzlichen verankert und zugleich in einer bestimmten Situation verdeutlicht, Vorstellungen, auf denen nicht nur das alltägliche Zusammenleben beruht, sondern die zugleich davon beeinflußt werden – wir haben es beim Festtag mit einer Scharnierstelle zwischen Reellem und Imaginärem zu tun, mit einer Art Brennpunkt, in dem Mentalitäten besonders deutlich faßbar werden.[43]

Die genannten Funktionen übernehmen Festtage für alle sozialen

Gruppen des Spätmittelalters, jedoch mit unterschiedlicher Gewichtung. Während beim Adel und bei den patrizisch lebenden Stadtbürgern der Oberschicht der Schritt vom Alltag zum Festtag vergleichsweise klein erscheint und sich beide Bereiche gelegentlich überlagern oder kaum merklich ineinander übergehen, beim Festtag jedoch ganz besonders der Traum von längst verlorenen oder erst noch erstrebten Positionen zelebriert wird, während hingegen beim Gesinde, bei den Tagelöhnern und Außenseitern lediglich die hohen Feiertage einzelne Inseln in einem Alltag sind, der durch große körperliche Belastungen und nur allzu oft auch durch existenzielle Nöte geprägt ist, sind die Festtage der Handwerker einem geometrischen Muster gleich in den Alltag verwoben:

In regelmäßiger Wiederkehr, deutlich abgehoben, jedoch nicht in unüberbrückbarem Gegensatz zum Alltag stehend, dienen die Festtage zunächst dem Ausruhen von der Arbeit, der Zerstreuung nach der Anspannung. Doch ist der geistige Gehalt der Festtage für die Handwerker möglicherweise in gleichem Maße lebenswichtig. In ihren Kreisen ist es angesichts der großen Vielfalt und Gegensätze noch schwieriger als bei den Kaufleuten – die ebenfalls das soziale Bild in den Städten des fortschreitenden Mittelalters bestimmen –, sich zu einer eigenständigen Gruppe zusammenzufinden, von deren Zusammenhalt jedoch wiederum ihr wirtschaftliches und soziales Bestehen bedingt ist. Auch müssen die Handwerker, die dank ihrer ökonomischen Funktionen im Alltagsleben längst zu einer Tatsache der städtischen Lebenswelt geworden sind und auf deren seelsorgerische Bedürfnisse schließlich auch die offizielle Kirche in der Praxis einzugehen bereit war – die Bettelorden mit ihren neuen, volkstümlichen Formen der Predigt wenden sich nicht zuletzt an sie – noch immer nach ihrem Platz in der Vorstellung von der alles umfassenden Weltordnung suchen. Diese teilt bekanntlich die Menschheit nach alter Tradition in drei, sich in ihren Funktionen ergänzende Gruppen ein: Die Priester, die Krieger und die Bauern unter der Oberhoheit des Königs als Stellvertreter Gottes auf Erden. In diesem allgemeinen Bild kommen die Handwerker nicht vor, auch wenn sie längst, sei es im ganzen, sei es nach Berufen gegliedert, als Stände der Gesellschaft gezählt, beschrieben und behandelt werden.[44] Umso mehr Bedeutung gewinnt für sie die Tatsache, bei den Festtagen dazuzugehören und ihre anerkannte, auch formal festgesetzte Position, ihre genau umschriebene Rolle in den geistig und geistlich bestimmten Zeremonien zu haben.

Dies wird besonders deutlich, hält man sich vor Augen, daß im Mittelalter die Geste und das Symbol weit größere Wirkungskraft auf die Menschen zu entfalten vermochten als das gesprochene oder gar das geschriebene Wort.[45]

Anmerkungen

1 Zu Mentalitäten und Mentalitätsgeschichte vgl. Jacques Le Goff, Les mentalités, Une histoire ambiguë, in: Jacques Le Goff/Pierre Nora (Hg.), Faire de l'histoire, Bd. 3, Paris 1974, S. 76–94; Robert Mandrou, L'histoire des mentalités, in: Encyclopaedia Universalis Bd. 8, Paris 1968, S. 436–438; Georges Duby, L'histoire des mentalités, in: L'histoire et ses méthodes, Paris 1961, S. 937–966; Lucien Febvre, Histoire et psychologie, zuerst erschienen in: Encyclopédie française, Bd. 8, 1938; Nachdruck in: ders., Combats pour l'histoire, Paris 1953, S. 207–220.

2 Vgl. dazu Charles Commeaux, La vie quotidienne en Bourgogne au temps des ducs Valois (1364–1477), Paris 1979, S. 108; Heinrich Feilzer, Jugend in der mittelalterlichen Ständegesellschaft. Ein Beitrag zum Problem der Generationen, Wien 1971, S. 203; Erich Maschke, Die Familie in der deutschen Stadt des späten Mittelalters (Sitzungsberichte der Heidelberger Akademie der Wissenschaften, Phil.-hist. Klasse, 1980, Abh. 4), Heidelberg 1980. Zur Abgrenzung städtischer Mittelschichten vgl. ders., Mittelschichten in deutschen Städten, in: Erich Maschke/Jürgen Sydow (Hg.), Städtische Mittelschichten, Protokoll der 8. Arbeitstagung des Arbeitskreises für südwestdeutsche Stadtgeschichtsforschung, Stuttgart 1972, S. 1–31, hier: S. 10.

3 Vgl. Eileen Power, Medieval Women, Cambridge ^{2}1976, S. 56f.; Robert Muchembled, Culture populaire et culture des élites dans la France moderne (XVe–XVIIIe siècles), Paris 1978, S. 45ff.; Jacques Rossiaud, Crises et consolidations 1330–1530, in: Georges Duby (Hg.), Histoire de la France urbaine, Bd. 2: La ville médiévale, Paris 1980, S. 408–613, hier: S. 484f.

4 Feilzer, Jugend, S. 206ff.; Commeaux, Vie quotidienne, S. 108; André Lehmann, Le rôle de la femme dans l'histoire de France au Moyen Age, Paris 1952, S. 434; Henri Pirenne, Sozial- und Wirtschaftsgeschichte Europas im Mittelalter, München 1974, S. 197; vgl. dazu sowie zur allgemeinen Entwicklung von Arbeit und Handwerk im Mittelalter: Achatz von Müller, Der Feudalismus, Land und Stadt in Mitteleuropa, in: Arne Eggebrecht u. a., Geschichte der Arbeit. Vom Alten Ägypten bis zur Gegenwart, Köln 1980, S. 155–192, bes. S. 182; Philippe Wolff/Frédéric Mauro, Histoire générale du travail, Bd. 2: L'âge de l'artisanat, Paris 1980.

5 Edith Ennen, Die europäische Stadt des Mittelalters, Göttingen ²1975, S. 199ff.

6 Jacques Le Goff, Métiers licites et métiers illicites dans l'Occident médiéval, in: ders., Pour un autre Moyen Age. Temps, travail et culture en Occident, Paris 1977, S. 91–107; ders., L'apogée de la France urbaine médiévale 1150–1330, in: Georges Duby (Hg.), Historie de la France urbaine, Bd. 2: La ville médiévale, Paris 1980, S. 189–405, hier: S. 360ff.; Muchembled, Culture populaire, S. 141f.

7 Commeaux, Vie quotidienne, S. 109; Rossiaud, Crises, S. 573ff.; Ulf Dirlmeier, Untersuchungen zu Einkommensverhältnissen und Lebenshaltungskosten in oberdeutschen Städten des Spätmittelalters (Mitte 14. bis Anfang 16. Jahrhundert) (Abhandlungen der Heidelberger Akademie der Wissenschaften, Phil.-hist. Klasse, 1978, Abh. 1), Heidelberg 1978, hier: S. 239ff.

8 Gustav Wulz (Hg.), Die Urkunden der Stadt Nördlingen 1436–1449, Augsburg 1968, S. 55.

9 Vgl. Commeaux, Vie quotidienne, S. 107, 109; Dirlmeier, Einkommensverhältnisse, S. 257ff.; Ennen, Europäische Stadt, S. 203; Rossiaud, Crises, S. 572ff.; Philippe Contamine, La vie quotidienne pendant la Guerre de Cent Ans. France et Angleterre (XIVᵉ siècle), Paris 1976, S. 96ff.; Jean Favier, Paris au XVᵉ siècle, Paris 1974.

10 Commeaux, Vie quotidienne, S. 105; Dirlmeier, Einkommensverhältnisse, S. 257; Rossiaud, Crises, S. 480ff.

11 Dirlmeier, Einkommensverhältnisse, S. 257ff.

12 Dirlmeier, Einkommensverhältnisse, S. 259; Commeaux, Vie quotidienne, S. 110f.; Rossiaud, Crises, S. 550f.

13 Ahasver von Brandt (Hg.), Regesten der Lübecker Bürgertestamente des Mittelalters, Bd. 2, Lübeck 1973, S. 52.

14 Vgl. dazu Dirlmeier, Einkommensverhältnisse, S. 258; Jean Verdon, Les loisirs en France au Moyen Age, Paris 1980, S. 139ff.

15 Contamine, Guerre de Cent Ans, S. 199ff.; Dirlmeier, Einkommensverhältnisse, S. 260ff.; zu Kleiderordnungen vgl. Veronika Baur, Kleiderordnungen in Bayern vom 14. bis zum 19. Jh., München 1975, S. 44f.; zu einzelnen Kleidungsstücken vgl. Liselotte Constanze Eisenbart, Kleiderordnungen der deutschen Städte zwischen 1350 und 1700. Ein Beitrag zur Geschichte des deutschen Bürgertums, Göttingen 1962, S. 134ff.

16 Die folgenden Ausführungen zur städtischen Zeit beruhen auf Jacques Le Goff, Die Arbeitszeit in der »Krise« des 14. Jh., in: ders., Für ein anderes Mittelalter. Zeit, Arbeit und Kultur im Europa des 5.–15. Jh., Berlin 1983, S. 29–42; ders., Zeit der Kirche und Zeit des Händlers im Mittelalter, in: Claudia Honegger (Hg.), Schrift und Materie der Geschichte. Vorschläge zur systematischen Aneignung historischer Prozesse, Frankfurt a. M. 1977, S. 393–414.

17 Vgl. dazu Le Goff, Arbeitszeit; ders., Zeit der Kirche; Zu den Termingeschäften der Kaufleute vgl. Jean Favier, Die Entstehung der Bank im Mittelalter, in: Journal für Geschichte, 6 (1984), Heft 5, S. 48–57; Pirenne, Sozial- und Wirtschaftsgeschichte, S. 203 ff.

18 Müller, Feudalismus, S. 181; Le Goff, Arbeitszeit, S. 35 f.; Contamine, Guerre de Cent Ans, S. 49 f.

19 Feilzer, Jugend, S. 202 ff.; Muchembled, Culture populaire, S. 45 f.

20 Power, Medieval Women, S. 55, S. 57 ff.; Lehmann, Rôle de la femme, S. 435 f.; Müller, Feudalismus, S. 188; Erika Uitz, Frau und gesellschaftlicher Fortschritt in der mittelalterlichen Stadt, in: Zeitschrift für Geschichtswissenschaft, 32 (1984), Heft 12, S. 1071–1083, bes. S. 1076 ff.; Edith Ennen, Frauen im Mittelalter, München 1984, S. 157 ff.; Peter Ketsch, Frauen im Mittelalter, hg. v. Annette Kuhn, Bd. 1, Düsseldorf 1983, bes. S. 141–224.

21 Vgl. dazu Power, Medieval Women, S. 57 ff.; Feilzer, Jugend, S. 267; Contamine, Guerre de Cent Ans, S. 174 f.; zum Aufkommen städtischer Schulen für die Bildungsbedürfnisse der Handwerker vgl. Feilzer, Jugend, 234 ff.; Walther Heinemeyer, Die Bildungspolitik Landgraf Philipps des Großmütigen von Hessen, in: Archiv für Diplomatik 21 (1971), S. 100–128; weitere Hinweise verdanke ich seinem Unterricht an der Archivschule Marburg.

22 Vgl. Lehmann, Rôle de la femme, 434; Rossiaud, Crises, S. 551; Contamine, Guerre de Cent Ans, S. 49 ff.

23 Contamine, Guerre de Cent Ans, S. 206 ff.; 230; Dirlmeier, Einkommensverhältnisse, S. 206.

24 Zu den hier skizzierten Nahrungsgewohnheiten vgl. bes. Dirlmeier, Einkommensverhältnisse, S. 304 ff.; vgl. auch Contamine, Guerre de Cent Ans, S. 49 ff.; Verdon, Loisirs, S. 118 f.

25 Verdon, Loisirs, S. 160 ff., 165 ff.; Rossiaud, Crises, S. 552 ff.

26 Verdon, Loisirs, S. 142 f.; Commeaux, Vie quotidienne, S. 112; Rossiaud, Crises, S. 554.

27 Verdon, Loisirs, S. 43, 216 ff., 170 ff.; Muchembled, Culture populaire, S. 161 ff.; Le Goff, L'apogée, S. 399; Rossiaud, Crises, S. 600 ff.; Contamine, Guerre de Cent Ans, S. 52; Walter Salmen, Vom Musizieren in der spätmittelalterlichen Stadt, in: Das Leben in der Stadt des Spätmittelalters. Internationaler Kongreß Krems an der Donau 20.–23. September 1976, Wien 199, S. 77–87, hier: S. 81; Beispiel aus: Alexandre Tuetey (Hg.), Journal d'un bourgeois de Paris 1405–1449, Nachdruck Genf 1975, S. 204 f.

28 Daniel Poirion, Littérature française Bd. 2, Paris 1971, S. 175 ff.; Verdon, Loisirs, S. 237 ff.; Le Goff, L'apogée, S. 383 f.; Rossiaud, Crises, S. 593 ff.; Rolf Max Kully, Le drame religieux en Allemagne: une fête populaire, in: Pierre Boglioni (Hg.), La culture populaire au Moyen Age. Etudes présentées au Quatrième colloque de l'Institut d'études médiévales de l'Université de Montréal 2–3 April 1977, Paris 1979, S. 203–230; Georges Duby,

Le Temps des cathédrales. L'art et la société 980–1420, Nachdruck der 2. Aufl., Paris 1980, S. 264 ff. (dt. Frankfurt a. M. 1984); Rainer Warning, Ritus, Mythus und Geistliches Spiel, München 1974.

29 Verdon, Loisirs, S. 17 ff.; Contamine, Guerre de Cent Ans, S. 46 ff.; Muchembled, Culture populaire, S. 124 f.; Rossiaud, Crises, S. 591; zur Sonntagsruhe vgl. Le Goff, Métier et profession d'après les manuels de confesseur au Moyen Age, in: ders., Pour un autre Moyen Age, S. 162–180, hier S. 172 f.

30 Zur religiösen Prägung mittelalterlicher Mentalitäten vgl. Le Goff, Métier et profession, S. 163 f.

31 Vgl. Anm. 15.

32 Vgl. Dirlmeier, Einkommensverhältnisse, S. 303 ff., bes. 310 ff.; Verdon, Loisirs, S. 43, 119 f.; Muchembled, Culture populaire, S. 24 f., 166; Contamine, Guerre de Cent Ans, S. 230 ff.

33 Verdon, Loisirs, S. 27 ff.; Muchembled, Culture populaire, S. 127 ff.; zur Ambivalenz des Drachen vgl. Jacques Le Goff, Culture ecclésiastique et culture folklorique au Moyen Age: saint Marcel de Paris et le dragon, in: ders., Pour un autre Moyen Age, S. 236–279.

34 Verdon, Loisirs, S. 40 ff.; Muchembled, Culture populaire, S. 119 ff., 165 ff., 168; Jacques Heers, Fêtes, jeux et joutes dans les sociétés d'Occident à la fin du Moyen Age, Paris 1971, S. 82; Arno Borst, Lebensformen im Mittelalter, Frankfurt a. M. 1973, S. 96 f.; Madeleine Jeay, De l'autel au berceau. Rites et fonctions du mariage dans la culture populaire au Moyen Age, in: Boglioni (Hg.), Culture populaire, S. 39–62.

35 Verdon, Loisirs, S. 225 ff.; Muchembled, Culture populaire, S. 166 ff.; Heers, Fêtes, S. 83 ff.; Le Goff, L'apogée, S. 363; Rossiaud, Crises, S. 596 ff., 603 ff.

36 Vgl. Bernard Guenée/Françoise Lehoux, Les entrées royales françaises 1328–1515, Paris 1968; Heers, Fêtes, S. 18 ff.; Verdon, Loisirs, S. 229 ff.; Rossiaud, Crises, S. 600; Muchembled, Culture populaire, S. 229 f.

37 Guenée/Lehoux, Entrées, S. 47 f.

38 Heers, Fêtes, S. 13 ff.

39 Vgl. dazu Le Goff, L'apogée, S. 391; Contamine, Guerre de Cent Ans, S. 81 f.; Borst, Lebensformen, S. 261 ff.

40 Zum Karneval und dessen mittelalterlichen Formen vgl. Verdon, Loisirs, S. 28 ff.; Muchembled, Culture populaire, S. 173 ff.; Le Goff, L'apogée, S. 380; Rossiaud, Crises, S. 558; Heers, Fêtes, S. 119 ff.
Zum Gegensatz und zum Zusammenwirken von klerikaler Kultur und ›Volkskultur‹ vgl. Jacques Le Goff, Kirchliche Kultur und Volksüberlieferungen in der Zivilisation der Merowinger, in: ders., Für ein anderes Mittelalter, S. 121–136; vgl. auch ders., culture ecclésiastique.

41 Vgl. etwa Emmanuel Le Roy Ladurie, Le Carnaval à Romans, Paris 1979; (dt. Stuttgart 1982).

42 Zum Stellenwert der Arbeit in den Wertvorstellungen mittelalterlicher Menschen vgl. Le Goff, Métier et profession; ders., Métiers licites; ders., Arbeit, Technik und Handwerker in den Wertsystemen des Frühmittelalters, in: ders., Für ein anderes Mittelalter, S. 56–76.

43 Vgl. die Untersuchungen in Heers, Fêtes; Georges Duby, Préface, in: ders. (Hg.), Fêtes en France, Paris 1977.

44 Zur Stellung der Städter vgl. Le Goff, Métier et profession; ders., Zeit der Kirche; ders., La naissance du purgatoire, Paris 1981, S. 330 ff., 388 ff. (dt. Stuttgart 1984); zur dreigliedrigen Gesellschaft vgl. hier Georges Duby, Les trois ordres ou l'imaginaire du féodalisme, Paris 1978, (dt. Frankfurt a. M. 1981); Jacques Le Goff, La Civilisation de l'Occident médiéval, 2. Aufl., Paris 1982, S. 234 ff., (dt. München/Zürich 1970).

45 Vgl. Le Goff, Civilisation, S. 304 ff.; Duby, Cathédrales, S. 324; weitere Hinweise verdanke ich den Beiträgen von Jean-Claude Bonne, Michel Pastoureau, Jean-Claude Schmitt und Jacques Le Goff in dessen Seminaren zur mittelalterlichen Gestik an der Ecole des Hautes Etudes en Sciences Sociales (EHESS) in den Jahren 1981 und 1982.

Ernst Schubert

Gauner, Dirnen und Gelichter in deutschen Städten des Mittelalters

Die Entwicklung des mittelalterlichen deutschen Städtewesens hat die ältere Forschung gern durch ein floristisches Bild illustriert, hat vom Aufblühen oder einer Blütezeit gesprochen und hierin im Gegensatz zur politischen Krisenzeit des Spätmittelalters einen positiven Aspekt deutscher Geschichte sehen wollen. Unverkennbar sind wirtschaftliche Intensivierungsprozesse, Ausweitung des Handels, ökonomische Dynamik, die vor allem im Spätmittelalter die Städte wachsen lassen, so daß erweiterte Ummauerungen nötig werden. Die neuere Forschung hat dazu aber auch auf die Schattenseiten hingewiesen, auf die sozialen Konflikte, die sich auf engstem Raum in einer mittelalterlichen Stadt zusammenballten, auf die Armut, die hier allgegenwärtig war. Nicht allen neuerdings ermittelten Zahlen ist unerschütterliches Vertrauen entgegenzubringen. Wenn für manche Städte ein Armutsanteil von über 50 % errechnet worden ist, so gilt zu bedenken, daß die Wendung »nichts haben«, die Bezeichnung »habnit« in den Steuerlisten reine steuertechnische Termini sind, die nur besagen, daß der Betreffende nichts sein Eigen nennt, was der Abgabepflicht unterliegt.[1] Doch trotz solcher Einwände muß mit einem beträchtlichen Armutspotential gerechnet werden. 1501 werden in Nürnberg, das damals auf dem Höhepunkt seiner wirtschaftlichen Entwicklung steht, bei einer noch nicht einmal dramatischen Teuerung 5002 Bürger von der Obrigkeit unterstützt.[2] Zwar läßt sich eine solche, eher zufällig überlieferte Zahl nicht prozentual auf die mit höchstens 40000 Menschen zu schätzende Einwohnerschaft Nürnbergs umrechnen, da mit der Abgabe verbilligten Brotes nicht nur Einzelpersonen, sondern ungenannt viele Haushaltungsvorstände unterstützt werden, aber ungefähr ein Viertel der Bürger in der reichen Stadt, so ist anzunehmen, lebte, selbst an den kargen mittelalterlichen Lebensbedingungen gemessen, hart am Rande des Existenzminimums.

Insbesondere am Rande der Städte, in der Nähe der Stadtmauern – wo auch bezeichnenderweise die meisten Niederlassungen der Bettelorden lagen – und in den erst spät in den Mauerring einbezogenen Vorstädten war die Armut zuhause.[3] Um 1400 etwa lebten in Bautzen die Angehörigen der ärmsten Zünfte, vor allem die Weber, in der äußeren Stadt gemeinsam mit Dreivierteln der wendischen Bevölkerung, die in den Kolonisationsgebieten von der Aufnahme in die Handwerke ausgeschlossen war. Im gewerbereichen Nürnberg kam es Ende des 14. Jahrhunderts in den neu ummauerten Vorstädten zur Anlage von Gassen mit hohen Kleinwohnungshäusern, mittelalterlichen Vorformen der Mietskasernen. Hier wohnten die Arbeiter, die sich im Taglohn verdingen mußten. Bezeichnenderweise hießen diese Gassen nach den Reichen, die sie angelegt hatten, Dörrers-, Kieners- und Grasersgasse.

Zum Rande der Städte hin werden die Häuser immer kleiner, bescheidener, karger. Meist feuergefährlich nur mit Stroh gedeckt, oft nur einstöckige Holzhäuser, allenfalls außen mit Lehm verschmiert. Ärmlich geht es hier zu. Haushalte, die sich Dienstboten, Knechte und Gesellen halten können, gibt es mehrheitlich in den reichen Innenstadtgebieten, sie werden zum Rand der Städte hin immer seltener. Falls die Regel, daß in den Vorstädten das arme Volk wohnte, durchbrochen wurde wie in Stuttgart, nannte man diesen Bezirk sofort nach seiner Außergewöhnlichkeit: »Reiche Vorstadt«.

Nur zur Miete konnten die Armen wohnen.[4] Was bereits für das 13. Jahrhundert bezeugt ist, wird im Spätmittelalter zu einer alltäglichen Erscheinung. Anfangs des 16. Jahrhunderts sind in Lübeck 42 % aller Haushaltungen in Mietwohnungen untergebracht, in Rostock gar 57 %. Im Binnenland mag die Zahl geringer gewesen sein. Sie dürfte zumeist in einer Größenordnung liegen, die für Dresden um 1440 überliefert ist: 20–22 % der Bevölkerung. Eine große Zahl dieser Wohnungen lag in feuchten und dunklen Kellern. Bevölkerungswachstum schlug sich im Anstieg dieser Verhältnisse nieder: Mußten 1378 in Rostock 4 % aller Haushaltungen in Kellern ihr Unterkommen suchen, so waren es 1410 bereits 7,3 %. In Lübeck hausten 1532 13 % der Einwohner unter diesen erbärmlichen Umständen.

Solche Zahlen mögen immerhin das gesellschaftliche Umfeld andeuten, in dem die Frage nach Gaunern, Dirnen und Gelichter angesiedelt ist; aber letztlich versprechen wir uns wenig davon, mit Prozentzahlen »stratifizierend«, wie es heute so schön heißt, soziale

Schichten und Gruppen zu erfassen. Zu stark ist allen Indizien zufolge die Fluktuation innerhalb der Armutsschicht, zu dürftig auch die Quellenlage, als daß man nicht froh sein müßte, durch das Zusammentragen von Mosaiksteinchen wenigstens ungefähre Vorstellungen von den Lebensformen der Randgruppen zu gewinnen;[5] und was deren Verhältnis zur Gesamtbevölkerung angeht, so sind uns schematisierende Zahlenverhältnisse weniger wichtig als die Einblicke, die in urbane Lebensordnungen aus der Perspektive niederer sozialer Schichten möglich sind. Die Erforschung von Randgruppen ist kein historisches Randproblem.

Eine allein auf ökonomische Daten gestützte Armutsdefinition kann zwar die sozialen Dissonanzen in einer Stadt vernehmbar machen, taugt aber gerade wegen des großen Ausmaßes der Not wenig zur Bestimmung sozialer Gruppen. Der Einfachheit halber sprechen wir von einem äußeren und einem inneren Rand der Armut: Wer in einem, wenn auch karg entlohnten Beschäftigungsverhältnis steht, wen in Notfällen eine Gemeinschaft, Zunft oder Verwandtschaft schützt, der gehört, auch wenn es ihm materiell schlecht geht, zum inneren, zu dem der Gesellschaft zugewandten Rand der Armut. Mit dem Ausdruck Gelichter hingegen sei der äußere, der von der Gesellschaft abgewandte, Rand der Armut bezeichnet, das Elend von Menschen, die allein auf sich gestellt und vielfach zur Kriminalität gezwungen sind.[6] Mit den Bezeichnungen äußerer und innerer Rand der Armut sei aber auch zugleich angedeutet, daß hier keine festen sozialen Trennungslinien verlaufen, sondern eine Fluktuation zwischen den beiden Rändern anzunehmen ist. Erneut gewährt die Topographie dafür die ersten Aufschlüsse.

In der Nachbarschaft der Armutsbezirke lagen vielerorts jedermann bekannte Stätten, wo mißachtetes, hergelaufenes Volk hauste. Oft sind es die hochwassergefährdeten Flußufer wie in Kleinbasel, wo solche Menschen ihre Hütten aufschlagen durften. In den dichtbevölkerten Tiroler Innstädten lebte hier, dauernder Überschwemmungsgefahr ausgesetzt, das Gesindel in der Nähe von Siechenhäusern und Leprosorien. Zahlreiche mittelalterliche Straßennamen überliefern, wo sich Gruppen mißachteter Menschen zusammengefunden hatten. In Worms und Iglau erinnert die »Sterczergasse« an die Störzer, die bettelnd und stehlend umherziehenden Vagabunden, die, vielfach als »giler« bezeichnet, auch der Frankfurter Giglergasse den Namen gaben. In Erlangen verlief ein 1528 erwähntes »pettelgässlein« von der Essenbacher Brücke den Burgberg entlang, günstig gelegen, um von ankommenden Reisenden Almosen zu erflehen. Eine Diebsstraße zog sich in Braunschweig zwischen Petri- und Hohem Tor hin, schon 1308 als »platea furum« erwähnt. In der Sackpfeifergasse zu Mainz, in der Geigergasse zu Zürich fanden sich die wenig geachteten Spielleute zusammen, deren dichtende Kollegen, die Sprecher mit ihrem Lotterholz, in der Basler Lottergasse hausten. Die Fechtergassen in Wien, Frankfurt und Köln erinnern an den als unehrlich verrufenen berufsmäßigen Kämpfer, der im gerichtlichen Zweikampf stellvertretend für andere seine Haut zu Markte trug, und an seinen spätmittelalterlichen Nachfolger, der als Marx- oder Federfechter entweder in der Wintersaison eine Fechtschule abhielt oder – manchmal durchaus blutig endende – Schaukämpfe mit dem bloßen Schwert austrug. Das Erscheinungsbild solcher Gassen war gewiß nicht durch feste Häuserzeilen bestimmt, sondern durch armselige, windschiefe Katen und Behausungen, nicht besser als die bisweilen auf Friedhöfen rasch zusammengezimmerten Unterkünfte von Armen und Elenden; denn sonst hätte der Frankfurter Rat nicht eigens verfügen müssen, daß die Bettler gewaltsam vom Friedhof zurück in die Giglergasse zu treiben seien.

Beispielhaft zeigt die Topographie des spätmittelalterlichen Konstanz verschiedene Erscheinungen von Armut. In der Vorstadt Stadelhofen, die erst im 15. Jahrhundert in die Stadtummauerung einbezogen wurde, hauste, in Nachbarschaft mit den Sondersiechen, den Leprakranken, ein von der städtischen Wirtschaft abhängiges Proletariat. Der für menschliche Siedlung so wichtige Wasserlauf, ein Bach, war dauernd durch die Abwässer der Gerber und des städtischen Schlachthauses verschmutzt, ein gefährlicher Infektionsherd. Wer, vielleicht einer von den »totschlegern«, den Arbeitern im Schlachthaus, von hier den Sprung über die Stadtmauer schaffte, der stieg sozial auf, obwohl er nur in der Neugasse, der Immobilienspekulation eines reichen Bürgers, in einem der kleinen Mietshäuser wohnte. Am Rande der Stadtmauer, in einem noch im 15. Jahrhundert nicht voll ausgebauten Gebiet beim Ziegeltor, lag der Ziegelgraben. Hier hausten mißachtete, »unehrliche« Leute, hier hatte der Henker seine Wohnung, hier lag eines der städtischen Bordelle.

Die Topographie mußte erste Andeutungen über das Gelichter in einer mittelalterlichen Stadt liefern; denn Steuerlisten und zufällig erhaltene Zahlen wie die der Nürnberger Brotspeisung von 1501 erfassen nur den ansässigen Bürger, nicht aber diejenigen, die ohne das

Bürgerrecht erwerben zu können in einer Stadt ihre Nahrung suchen, die sogenannten »Einwohner«, die oft in Gebäudewinkeln, Kellerlöchern oder in Verschlägen unter den Treppenstiegen hausten, erfassen nicht die »fahrenden Leute«, die als »bauernverräter, bauernbrater« ihre Zuflucht in der Stadt suchten, erfassen nicht die hier herumlungernden gescheiterten und gefährdeten Existenzen, wie jene Tochter aus adeligem Hause, die von ihren getrennt lebenden Eltern so erbarmungslos geschlagen wurde, daß sie fortlief und zwei Jahre lang in Speyer in größtem Elend lebte, »manig finster nacht in den gassen under den laden lag«, wie das Gerichtsprotokoll von 1473 vermerkt.[7] Selbst solche Menschen waren auf den urbanen Lebensraum, den sie kannten, angewiesen, sie suchten ihn unter größten Gefahren immer wieder auf, wie die 1433 im Nürnberger Lochgefängnis angekettete »Haberstrohin«. Wegen ihrer Diebereien war ihr bereits dreimal die Stadt unter Androhung der Todesstrafe verboten worden. Als sie trotz schwerer Züchtigungen das drittemal wieder nach Nürnberg kam und beim Stehlen ertappt wurde, ließ ihr der Rat die Augen ausstechen.

Gelichter, Stadtstreicher, Gassenbettler, Lumpenpack bildet den Hauptteil unter den 1485 aus Nürnberg verwiesenen 1500 fremden Bettlern; im wesentlich kleineren Zürich waren drei Jahre zuvor immerhin 750 Störzer aufgegriffen worden, und wenn in einer Mittelstadt wie Göttingen alljährlich zur Almosenspende an Lätare und Fronleichnam 1600 bis 1700 Menschen zusammenströmten, so wird sich hierunter manche zwielichtige Existenz befunden haben, wie unter jenen Bettlerscharen, die das Frankfurter Franziskanerkloster in so starkem Maße umlagerten, daß der Prior 1460 richterlichen Beistand erbitten mußte, um sie fortzuschaffen.

Gelichter: Das gibt sich in den Quellen schon durch die Namen zu erkennen. Es sind Menschen, die nicht zählen, die außer ihrem Vornamen keinen der im 14. Jahrhundert üblich gewordenen Nachnamen führen, sondern einfach nach ihren Eigenschaften, meist wenig schmeichelhaft benannt werden: »der schilchent (schielende) Diettel von Wirtzburch, der bös Nyesel, der rot Ermel, die keichend Els, das rotzig Diemlin, das kotig Metzlin, die hupfend Els« usw. Wer in dieser Welt keinen Nachnamen hat, hat auch keine ihn schützende Verwandtschaft, steht allein, ist ohne soziale Sicherung nur auf sich selbst angewiesen. Die ganze Verachtung der Mitmenschen kann sich dann in so bösen Benennungen ausdrücken, wie wir sie im Augsburger Achtbuch, aus dem schon die ersten Beispiele entnommen waren, finden: »der rot Schisser, Kuntz Dremelindenarsch, Johanns Schisse in die Stuben, die Scheizinbrunnen« usw. Wer aus dieser Gesellschaft straffällig geworden ist, wem Ohren oder Nase oder die Hand wegen seiner Verbrechen vom Henker abgeschnitten worden war, wer also seinen Strafregisterauszug am Körper trug, der hatte auch seinen Namen weg: »Zwirggel mit der einen Hand, Walburg mit dem Stumpf, der handlos Schneider, Ellen die Orlos von München, die naslos Anna, die naslos Metz von Ulm«. Die zahlreichen Blinden, die in dem weiterhin zitierten Augsburger Achtbuch begegnen, werden vielfach nicht von Geburt an blind, sondern vom Scharfrichter geblendet worden sein, der »Johann mit dem buchstaben« ist höchstwahrscheinlich ein gebrandmarkter Übeltäter.

Das Gelichter, das sich in den Städten zusammenfand, entstammte wohl nur zum Teil dem fahrenden Volk, vielfach werden es aber auch Knechte, wie noch im 15. Jahrhundert die übliche Bezeichnung für Geselle lautete, und Mägde gewesen sein, die sich zu dem »Hudelvolk«, wie es in den Quellen heißt, zum Lumpenpack, schlagen mußten. Zwischen 12 und 25 % machte der Anteil von Ehalten an der Stadtbevölkerung aus, von den agrarisch zu den stärker frühindustriell geprägten Städten hin ansteigend. Meist nur für ein halbes Jahr gedungen, der Willkür von Meistern und Hausherren ausgesetzt, lebten Knechte und die wesentlich geringer entlohnten Mägde von der Hand in den Mund, in Hunger- und Teuerungszeiten, die stets auch Zeiten großer Arbeitslosigkeit waren, schutzlos der Not preisgegeben. So berichtet etwa die Klingenberger Chronik zum strengen Winter 1437/38: »Es waren och vil starker knecht in den stetten, die sich wundent vor hunger, und ihnen niemand nüntz zu werchen geben wolt umb die kost«. Obwohl also diese Knechte ihre Arbeitskraft so billig wie möglich, nur gegen Verpflegung, verkaufen wollten, gab ihnen niemand Arbeit.

Weiterhin dürfte sich das Gesindel aus den Arbeitern in den Städten rekrutiert haben, den vielen Handlangern, die das Gewerbe brauchte und die, wie auf dem Lande nur im Tagelohn beschäftigt, ebenfalls von der Hand in den Mund lebten. So wurde im Nürnberger Baugewerbe bestimmt, daß der Lohn schon vormittags auszuzahlen sei, damit die Arbeiter das Geld ihren Frauen für die Suppe heimbringen konnten. Solchen Menschen stand das Elend, stand die Möglichkeit, vom inneren in den äußeren Rand der Armut abzugleiten, stets vor Augen. Deshalb befürchteten 1477 die Aachener Wollarbeiter, daß sie bei ihrem geringen Taglohn bald »arm landlouffer«, verachtete, arme Landfahrer werden müßten.

Daß vom inneren Rand der Armut Menschen in die Elendsschicht, die von der Kriminalität zu leben gezwungen war, absinken mußten, zeigen städtische Acht- und Strafbücher, die in großer Zahl Arbeiter und Knechte, vom Becken- bis zum Zieglerknecht bestrafen und der Stadt verweisen. Angesichts solcher Gefahren erst erschließt sich die Notwendigkeit für die im Spätmittelalter aufkommenden Gesellenbruderschaften, durch ihre Mitglieder verpflichtende Ehrbegriffe nicht nur der Moral der Meister entgegenzukommen, sondern auch eine Abgrenzung nach unten, zum äußeren Rand der Armut hin, zu ziehen. Bei den Tagelöhnern und Knechten entscheidet letztlich der Arbeitsmarkt über ihre soziale Stellung. Die städtische Wirtschaft aber brauchte immer die Handlanger und Gelegenheitsarbeiter, sie brauchte etwa die Sack- und Kohlenträger und fand sie mühelos unter dem Gesindel.

»zuo Basel haben wir ein Völcklin, die nent man die Freyetsknaben, das sind der Stat verordnete Secktreger.« Sie sind Schöffen im sogenannten Kohlenberggericht, das einen rechtshistorischen Sonderfall darstellt, der aber sozialgeschichtlich überaus aufschlußreich ist;[8] denn hier am Kohlenberg war die Wohnstatt des Henkers und seiner Knechte und darum gruppiert der Zufluchtsort von Gelichter, von Lotterbuben und Sackträgern. Sie bildeten ein typisches »iudicium parium«, ein Gericht der Standesgleichen, in dem die üblichen, feierlichen Rechtsformen ebenso ernst genommen wurden wie anderswo. Der Richter, ein Freihart, führt den Stab, sechs Schöffen sitzen ihm zur Seite. Alte Gerichtsbräuche werden sorgfältig gepflegt, auch wenn deren Sinn niemand mehr versteht: »derselbig Richter muoss allezeith, so lang er zuo Gericht sitzt (es sey Sommer oder Winter) den rechten Schenkel bloss in einem neiwen Ziber mit Wasser haben, und alle und jede Gerichtstag muoss man ime ein andern Ziber kauffen, der nie broucht worden sey, die andern 6 Richter sitzen mit dem rechten Schenkel bloss«.

Die beim Kohlenberggericht amtierenden »Freyetsknaben« begegnen als »freiheitsbuben«, als Freiharte, in vielen städtischen Quellen, ohne daß sie einem bestimmten Tätigkeitsbereich zuzuordnen sind: verfügbares, »meisterloses volck«, das zu allen möglichen Gelegenheitsarbeiten bis hin zum Kriegsdienst aufgeboten werden kann. Sie gehören zum Gelichter wie alle, die »posselarbeit«, Handlangertätigkeiten ausüben, wie auch das zahlreiche Hilfspersonal der Bader, die Abzieher, Reiber, Scherer und Schöpfer sowie ihre weiblichen Pendants in den Badestuben der Frauen. Huren und Buben werden unter diesem Gesinde vermutet. Zum Gelichter gehört auch der im obrigkeitlichen Auftrag durch die Gassen streifende Hundsschlager, meist ein Henkersgehilfe, der die herrenlos herumstreunenden Hunde in der Stadt zu »stöbern« hat.

Die Basler »Freyetsknaben« waren vom Rat der Stadt vereidigt und gehören dennoch zum Gelichter, wie die gleichfalls vereidigten Abortreiniger in den Städten; denn eine solche Vereidigung war mit keinerlei sozialen Privilegien verbunden, sie war einfach Voraussetzung dafür, daß der Betreffende bestimmte Hilfsdienste verrichten durfte. Der Eid des Kohlenträgers etwa brachte diesen in Gefahr, schon bei einem geringen Unterschleif als Meineidiger gerichtet zu werden. All diese städtischen Träger, Platzmeister und »Kerselmänner« sind keine Beamten, haben keine Besoldung vom Rat zu erwarten, sie sind in ihrer Tätigkeit nicht nur durch die allgemeinen Diebstahlsstrafen, sondern mehr noch durch die Strafen bei Eidesverletzungen im Falle der Unehrlichkeit bedroht.

1469 ereignete sich in Nürnberg ein schrecklicher Vorfall: Der an die dreißig Meter tiefe Abort des Dominikanerklosters war voll geworden. Die Mönche gruben daneben ein noch tieferes Loch und planten, die Fäkalien ins Grundwasser abzuleiten. Der Steinmetz aber, der die Verbindung zwischen Abort und dem neuen Abfluß herstellen sollte, wurde vor Gestank ohnmächtig, fiel auf den Boden des Abflusses und erstickte. Drei Mönche, die ihn nacheinander zu retten versuchten, mußten besinnungslos von ihren Mitbrüdern an dem Halteseil aus dem Loch gezogen werden. Jetzt erst entsann man sich der Experten. Die Mönche bestellten am nächsten Tag »die scheisshausfeger, die suchten lang einen halben tag und zugen den steinmetz aus dem grunt heraus, denen gab man einen guldein zum lohn, und denen schadet kein gestank und waren frölich vor den münchen und sungen und sprungen«.[9]

Die geringe Entlohnung für eine solch gefährliche Tätigkeit ist für die schlecht bezahlten Abortreiniger, die »Pappenheimer«, wie sie in Nürnberg auch genannt werden, Anlaß zu einem Freudentanz. Wie lange nur mag Vitalität und Lebensfreude ungebrochen angesichts der gesundheitsgefährdenden Arbeitsbedingungen geblieben sein? »Dolenfeger, Dolman« heißen diese Menschen mancherorts nach den hölzernen Abwasserleitungen, den Dolen, ansonsten vielfach nach den Bezeichnungen für Abort: »Privetfeger, Sprachhausfeger, Heimlichgemachsfeger und Grundmeister«. Wie in Nürnberg heißt es auch in Frankfurt klar und deutlich: »Scheißhausfeger«. »Nachtmeister« werden sie vielfach genannt, weil sie bei Nacht arbeiten müssen, damit die Bevölkerung nicht durch üble Gerüche belästigt wird. (Weil sie zu diebstahlsgünstiger Zeit arbeiten, werden sie auch vom Rat einer Stadt vereidigt.) Die von der Völkerkunde häufig nachgewiesene Gleichsetzung von Gold und Kot findet sich auch bei der mittelalterlichen Benennung dieser Arbeiter in mißachtender Ironie: »Goldgrübler« heißen sie in München, »Goldgreber« in Köln. Ihre Tätigkeit hängt mit der von »kerselmännern« oder »gassenführern« zusammen, die größere Städte wie Frankfurt anstellten, um die mit Unrat übersäten Straßen und Gassen zu säubern. »Nachtkönige« und »Goldgräber« bildeten in München eine organisierte Arbeiterschaft, die sämtliche Fäkalien in die sogenannte Einschütt an der Isar bringen mußte.

In einer Gesellschaft, in der Intelligenz allein noch keinen sozialen Aufstieg ermöglichte, war auch unter dem Gelichter viel Witz und geistige Geschicklichkeit zu finden. Ein Beispiel: Beim Kölner Aufstand 1525 hatte der neue Rat inquisitorisch von allen Einwohnern die Angabe von Verfehlungen gefordert. Ein Nachtmeister, der von Berufs wegen besonders viel wissen konnte, wurde unter Druck gesetzt, um sein Wissen preiszugeben. Dieser Mann ahnte aber, daß der Aufstand bald zusammenbrechen würde, er wußte, daß er dann von den Reichen keine Arbeit mehr bekommen würde (nur in den Häusern der Wohlhabenden gab es »Privets«), und zog sich nach längerem Zögern aus der Affäre: »nu mois es got erbarmen, das man mich um der stat sachen fragt; wolt nit sagen, er mois sagen und sagt: mich duchte, das man den winter absetzte, das sult der burgerschaft vil batten.«[10]

Wenn in Augsburg bei der Erhebung einer Zuschlagssteuer Bettler und Arbeiter gleich besteuert werden, wenn nach zahlreichen Beispielen Bettel und Taglohn ineinander übergehen können, so ist unvermeidlich, daß am äußeren Rand der Armut stehende Menschen zur Kriminalität gezwungen waren, um überleben zu können. Jedoch die vielen Erscheinungen von Gewalt und Betrug, die – eine Faustregel – allmonatlich zu einer Hinrichtung in einer Großstadt führen, sind noch nicht einmal schwerpunktmäßig einer Schicht zuzuordnen. Gewalt und Betrug gehören zum Umgang der Menschen aller Schichten miteinander, sind noch ungeschminkt und ungetarnt Teil des mittelalterlichen Alltags.

Wie das Gelichter letztlich sein Leben fristete, kann nur vermutet werden. Ohne Kleindiebstähle wird es auf die Dauer nicht abgegangen sein. Hühner und Gänse, die auch in den Städten gehalten wurden, waren vor dem Zugriff von Menschen, die »haberstroh kiefen«, armselig leben mußten, gewiß nicht sicher. In solchen Fällen wurde nicht die ganze Strenge der Diebstahlsstrafen angewendet, wenn jemand sich ertappen ließ. Mit zwei Jahren Stadtverweisung wurden 1344 in Nürnberg Gesellen belegt, die »hüner und tauben mit den angeln fingen«. (Sie werden wohl nicht den Max und Moritz-Trick angewendet, sondern jene Leimruten benutzt haben, die man auch zum Vogelfang gebrauchte.) Eigenversorgung, eigenen Herd konnte sich unter dem »hudelvolk« kaum jemand leisten, man war angewiesen auf die spätmittelalterlichen Imbißstuben, die Garküchen, die preiswerte Gerichte aus arg minderwertigem Fleisch herstellten. Von solchen Essensgewohnheiten rührt unter anderem eine typische Unterschichtskrankheit, der Grind, her. So erzählt Bartholomäus Sastrow in seiner Autobiographie, wie er 1545 zu Speyer drei Monate lang mit nur 6 Gulden auskam: »Von solchem bösen Essen, Trinken und Wohnen wurde ich… so grindig, daß ich, wenn ich etwas zu schreiben bekam, nicht eine Feder in der Hand halten konnte.«

Unter den vielen, tief in die Gesellschaft hineinreichenden und selbst in höheren Schichten noch wenig verfeinerten Gewalt- und Betrugsarten, kann nur eine, allerdings weit verbreitete, schichtenspezifisch der mittelalterlichen Gaunerwelt zugeordnet werden: Der Betrugsbettel, das Vortäuschen von Gebrechen und Notlagen, um Mitleid und Almosen zu erlangen.

Möglichkeiten und Erscheinungsformen des Betrugsbettels sind in warnender Absicht in Sebastian Brants Narrenschiff ebenso aufgelistet, wie in einem um 1510 verfaßten Büchlein »Liber vagatorum«, das die Hinterlist von Bettlern nachweisen will.[11] Schon Sebastian Brant hat in seinem Narrenschiff eine Quelle benutzt, die der Basler Chronist Johannes Knebel zum Jahre 1475 überliefert hat, eine Quelle, deren zeitliche und sachliche Einordnung bislang noch nicht befriedigend geklärt ist, die aber wohl der Mitte des 15. Jahrhunderts angehörend eine obrigkeitlich sanktionierte Warnungsschrift vor Kunstgriffen betrügerischer Bettler gewesen sein dürfte. (Es ist dies die in der älteren Literatur willkürlich als Basler Ratsmandat von 1422 bezeichnete Quelle.) Diese Schriften diskriminierten den fremden Bettler, der in jener Zeit zugunsten der »Hausarmen«, der bedürftigen Bürger, von Almosen und Armenfürsorge in den Städten ausgeschlossen, ja vielfach der Stadt verwiesen werden sollte. Durch diesen Zusammenhang scheinen die Aussagen der genannten Quellen zunächst relativiert zu werden; jedoch müssen hier reale Betrugsformen geschildert worden sein, denn diese begegnen in einer von den Tendenzen des ausgehenden 15. Jahrhunderts noch unbeeinflußten amtlichen Aufzeichnung: Als 1343 der Augsburger Rat alle »effer und betrieger« ausweist und mit drei Jahren Stadtverbot belegt – eine Milde, die einhundertfünfzig Jahre später befremdet hätte –, nennt er die gleichen Betrugsformen und verwendet dafür auch die gleichen Bezeichnungen, die späterhin in den eingangs genannten Quellen bezeugt sind.[12]

Die Untersuchung des Betrugsbettels, zumindest seiner wichtigsten Erscheinungen, lohnt weniger, um Einkunftsmöglichkeiten der Gauner festzustellen, als um Rückschlüsse auf mentale und soziale Probleme genereller Art zu ermöglichen; denn niemand kennt die Gesellschaft so genau wie der Betrüger, der von ihr leben muß, er muß, um die Gesellschaft ausnutzen zu können, um ihre Einstellungen wissen, er muß, wenn er soziale Notlagen vortäuscht, deren Wahrscheinlichkeit glaubhaft machen. So blicken wir durch Betrug und List zugleich auf wirkliches Elend, durch Täuschungen hindurch auf echte, ausgenutzte Gefühle, sehen hinter falschen Tränen echtes Leid.

Krankheit war im Mittelalter viel stärker als Schicksal empfunden worden als heute; Krankheit, die den Menschen auch sozial hilflos machte, war eine ständig lauernde Gefahr. Wer einem kranken Menschen half, der unverschuldet nicht mehr selbst seinen Lebensunterhalt verdienen konnte, handelte nicht nur aus Mitleid, sondern versicherte sich damit zugleich gesellschaftlicher Pflichten, auf die er selbst ebenfalls angewiesen sein könnte. Durch die Jahrhunderte sind Betrügereien mit Vortäuschen von Gebrechen nachzuweisen. Ekkehard von St. Gallen berichtet von einem angeblich lahmen Bettler, dessen Betrug offenbar wurde, als er im Baderaum versehentlich mit zu heißem Wasser übergossen wurde, und die Wiener Bettelordnung beklagt 1443, daß mit großer List Blattern, Geschwülste und andere Krankheitssymptome almosenheischend vorgegaukelt würden. Der »grantner«, den das Augsburger Verzeichnis ebenso wie die späteren Quellen nennt, ist ein Spezialist, der die fallende Sucht, die früher wesentlich weiter verbreitete Epilepsie, vortäuscht oder sich die Symptome des Antoniusfeuers, des Mutterkornbrandes oder Rotlaufs, einer in früheren Zeiten gerade in Notzeiten häufigen Erscheinung, anschminkt, indem er Arme und Beine mit einem Gemisch von Pferdemist und Wasser verschmiert. Ein solcher Betrüger sammelt Almosen, indem er vorgibt, zur Wallfahrtsstätte des Heiligen, der in dieser Not Hilfe gewährt, pilgern zu wollen, zu einem jener Heiligen also, nach denen im Mittelalter die verschiedenen Arten des »fallenden siechtums« benannt werden: St. Antonius, St. Veit, St. Kürin (Quirin), St. Valentin. Die durch solche, bisweilen epidemisch ausbrechenden Krankheiten hervorgerufene echte Not war so groß, daß der Liber Vagatorum eine Empfehlung gab, wie man den »grantner« vom wirklich Erkrankten unterscheiden könne: Wer »nit vil geblumter wort braucht«, sei ein wahrhaft in Not geratener Mensch, dem man Almosen geben solle, nicht hingegen den »grantnern«, die »können das maul wol brauchen, das ist ein wortzeichen, das si es lang getriben haben, die sind on zweifel falsch«. (An solche Betrugsformen übrigens erinnert über einen süditalienischen Umweg noch unsere heutige Redensart: »wie von der Tarantel gestochen«. Die Wolfsspinne, lycosa tarentula, ist völlig harmlos, die Vorstellung ihrer Giftigkeit stammt von dem in der Umgebung von Tarent geübten Betrugsbettel, indem die angeblich von dieser Spinne Gestochenen veitstanzähnliche Krämpfe simulierten. Wie auch beim Veitstanz in deutschen Städten glaubte man, eine Musiktherapie zur Linderung der Schmerzen anwenden zu sollen, woraus sich die Tarantella entwickelte.)

Nicht nur durch Krankheiten, sondern durch Gewalt der Mitmenschen war jederzeit das Leben im Mittelalter bedroht. An das Wissen darum appelliert der »spanvelder« der Augsburger Liste, der »schwanfelder oder blickschlaher« der späteren Verzeichnisse von Betrugsbettlern. Er pflegt halbnackt vor den Kirchentoren zu sitzen, nachdem er sich – ein übrigens nicht wirkungsloses Rezept – zum Schutz gegen die Kälte mit Nesselsamen eingerieben hat, und mitleidsheischend »jemerlich vor den lüten« zu zittern. Er gibt vor, beraubt worden zu sein.

Die Art, wie im Mittelalter mit Wahnsinnigen umgegangen wurde, die nicht durch eine schützende Verwandtschaft in Stadt oder Dorf versorgt wurden, machten sich die »fopper« zunutze. Sie erschienen meist in Ketten gefesselt, und von ihrem Begleiter wurde vorgegeben, sie seien vom bösen Geist besessen. (Die Städte pflegten solche Irrsinnigen, nachdem sie sie einige Zeit verpflegt hatten, in Begleitung zur nächsten Stadt zu schicken.) Vor diesen »foppern« warnten das Augsburger Verzeichnis und noch der Liber Vagatorum, aber nur die erste Quelle vermerkt, daß sie auch Wahrsagerei trieben, möglicherweise Reflex alter Vorstellungen, die im 15. Jahrhundert untergegangen sind.

Daß die vielfachen mittelalterlichen Fernwallfahrten auch eine soziale Opferbereitschaft voraussetzten, daß Wallfahrer sich mit einem kargen Leben abfinden mußten, machten sich die »calmyrer und scherpierer« zunutze, die um Almosen, gewissermaßen Beisteuern zu ihrer Pilgerfahrt bettelten, indem sie die jedermann bekannten Pilgerzeichen vorwiesen.

Die »kappsierer«, die das Augsburger Verzeichnis nur mit dem Zusatz erwähnt, sie behaupteten Geistliche zu sein, sind die »kammesierer« der späteren Quellen, Betrüger, die vorgeben, daß sie die niederen Weihen erhalten hätten und nunmehr um eine Gabe bitten, um sich ein Chorhemd für ihre Priesterweihe kaufen oder um ihre Primiz feiern zu können. Ein Schlaglicht fällt von hier auf das große spätmittelalterliche Klerikerproletariat, auf die im niederen Klerus, bei den vielen Altaristen und Benefiziaten herrschende Armut. Wenn die »mümser« im Augsburger Verzeichnis als falsche Mönche, die angeblich krank geworden seien, definiert werden, die späteren Quellen aber unter den »munischen« oder »mumsen« angebliche Begharden verstehen, so scheinen die Gauner begriffen zu haben, daß die so oft von der Kirche als verkappte Ketzer denunzierten Begharden volksnäher, populärer waren als selbst die inzwischen satt gewordenen Bettelmönche.

Das Erstaunlichste ist nach dem Augsburger Verzeichnis, daß Gauner, sogenannte »sinweger« mit der Behauptung Almosen heischen, »si haben erschlagen ir vater, muter und ir bruder«. Nach den späteren Quellen gestehen die »sundenveger« nicht mehr den Verwandtenmord, sondern nur noch den Totschlag aus »Leibs Notwere« ein. Das Bettelargument beruht auf der bis tief ins 16. Jahrhundert hinein bezeugten, aus dem Frühmittelalter stammenden sogenannten Kompositionsgerichtsbarkeit, wonach Mord oder Totschlag durch eine Abstandszahlung an die nächsten Verwandten des Opfers gesühnt werden konnte. So sammeln die Betrüger mit der Behauptung, sie würden, falls sie das Geld nicht bis zu einem bestimmten Termin zusammengebracht hätten, hingerichtet werden, Geld von mitleidigen Menschen. Die angebliche Wahrheit ihrer Erzählungen bezeugt ein mit eisernen Ketten gefesselter Begleiter, der vorgibt, für den »sundenveger« Bürge geworden zu sein.

Der »sundenveger« ergaunerte Bargeld, denn nur dieses und nicht die ansonsten meist als Almosen gereichten Naturalien konnten ihn aus seiner vorgetäuschten Notlage befreien. Wenn nach dem Augsburger Verzeichnis sogar der Verwandtenmord vorgespiegelt wird, kann hierin eines der Indizien dafür gesehen werden, daß auch in Deutschland an der Wende vom Hoch- zum Spätmittelalter die gleichen Verhältnisse herrschten wie in England. Hier konnte dank einer zur Schriftlichkeit drängenden fiskalisierten königlichen Gerichtsbarkeit für das ausgehende 13. Jahrhundert an Hand serieller Quellen nachgewiesen werden, daß die vielen Morde – die Rate liegt wesentlich höher als heute in den USA – hauptsächlich innerhalb der Verwandtschaft begangen worden sind.[13] Vor allem erhellt die Gaunerei des »sundenvegers« selbst in der Abschwächung zum Totschlag aus Notwehr, daß die Gesellschaft noch nicht bereit war, einen Mitmenschen aufgrund eines Verbrechens zu ächten und zu diskriminieren, solange er zur Sühne bereit war, was der Gauner ja vorgab.

Mit einer Ausnahme sind alle im Augsburger Achtbuch genannten Gaunerbezeichnungen noch 150 Jahre später lebendig. Nur 1343 wird der »hurlentzer« genannt, der angeblich getaufte Jude. Im Mittelalter wußte man, daß ein solcher Mensch die sozialen Sicherungen durch die Verwandtschaft aufgegeben hatte und deshalb auf die Unterstützung der Christen angewiesen war. Wenn diese Betrugsform späterhin nur in der weiblichen Variante der »vermerin«, der »veranerin«, der angeblich getauften Jüdin begegnet, so ist das möglicherweise so zu erklären: Der getaufte Jude mußte im 14. Jahrhundert noch auf seine »Wuchergeschäfte« verzichten, der Gauner erbettelte gewissermaßen einen angeblichen Verdienstausfall, im 15. Jahrhundert aber war man der christlichen Wucherer so gewöhnt, daß ein solches Argument nicht mehr wirken konnte. Wie dem auch sei: Die Übereinstimmung der Gaunerbezeichnungen über einen langen Zeitraum hinweg läßt auf die wohl auch genealogisch begründbare Konsistenz einer Gaunerschicht schließen, in der Fachgeheimnisse weitergegeben wurden.

Naturgemäß sind die späteren Quellen gesprächiger als das allein die wichtigsten Stichpunkte notierende Augsburger Verzeichnis. Inzwischen hatte wie das Handwerk auch die Gaunerei differenziertere Techniken entwickelt. Wir wählen nur zwei Beispiele aus. Die »Krocher«, die »Dallinger« des Liber Vagatorum, behaupten, sie seien Henker gewesen und wollten nun zur Tilgung ihrer Sünden eine Wallfahrt unternehmen, »und wan sie das ein Wile getriben und die Leute betriegent, so werdent si widerumbe Hengker«. Nun sind tatsächlich Urkunden erhalten, in denen Städte ihrem Henker Urlaub geben, weil dieser nach Rom pilgern und Buße tun will. Das Aufschlußreiche dieses Betrugsbettels ist aber, daß die Unehrlichkeit des Henkers genauer eingeschätzt werden kann. Die Gauner wissen besser als die rechtshistorischen Lehrbücher, daß die mittelalterliche Unehrlichkeit den Betreffenden noch nicht stigmatisierend aus der Gesellschaft ausgrenzt, daß sie eben kein untilgbarer, sogar vererbbarer Makel ist wie dann in der frühen Neuzeit. (Aus diesem Grunde beziehen wir die vielbesprochenen »unehrlichen Leute« nicht in unsere Untersuchung mit ein; denn dies scheint uns im wesentlichen ein Problem zu sein, das erst mit den konsequenteren Abschließungstendenzen der Zünfte im 16. Jahrhundert, in Norddeutschland allerdings rund ein Jahrhundert früher, entsteht. Im Mittelalter wird man den Müller zwar sprichwörtlich als Dieb bezeichnen und ihn des Unterschleifs beschuldigen, aber das sind vermeintliche Erfahrungswerte; man zweifelt an der Ehrlichkeit im ursprünglichen Wortsinne eines Menschen, der aus Säcken von Korn Beutel voll Mehl mahlt. Unehrlich im Rechtssinne mit der Folge des Zunftausschlusses seiner Kinder wird der Müller erst im 16. Jahrhundert in vielen Gegenden).

Das mentalitäts- oder besser frömmigkeitsgeschichtlich Aufschlußreiche an den um die Wende des 15. Jahrhunderts überlieferten Betrugsformen ist der Appell an eine Gesellschaft, die noch an die auch sozial reinigende Kraft der Buße glaubt: Nicht nur Henker bitten um Hilfe bei ihrer angeblichen Besserung, sondern auch die »Sundenvegerinnen«, die behaupten, von ihrem früheren Dirnenleben ablassen zu wollen: »und bitten das Allmusen durch St. Marien Magdalenen willen«. Ebenso wie bei den »Krochern« oder »Dallingern« wird auch hier zu vermuten sein, daß es wirkliche Dirnen waren, die auf diese Weise bettelten, die deswegen »Sundenvegerinnen« heißen, weil sie zumeist in Begleitung jenes uns bereits bekannten »sinwegers« auftreten und eine – wie sich zeigen wird – Spielart der gaunerspezifischen Kuppelei ausüben.

Aus den Lebensbedingungen am Rande des Existenzminimums erklären sich auch mittelalterliche Erscheinungen der Prostitution. Diese Zusammenhänge können bisweilen sichtbar werden, wenn nüchterne Einträge in Steuerlisten und Strafbüchern mit der Topographie in Beziehung gesetzt werden. In Konstanz ist der Ziegelgraben hart an der Stadtmauer, wo die städtische Bauhütte liegt, eine übel beleumdete Gegend.[14] Der Scharfrichter wohnt hier, wo auch anderes zwielichtiges Volk zuhause ist, etwa ein Johannes Giger, dem Namen zufolge ein Spielmann, nach Ausweis der Steuerlisten ein armer Teufel ebenso wie die hier ansässigen »Sprecher«, jene Leute, die das sogenannte »Lotterholz« als Standeszeichen in der Hand auf Hochzeiten und Festgelagen sich einfinden und die Gäste mit Witzen, Schwänken und Zoten unterhalten. Schließlich werden noch »zwo ripinan« erwähnt. Solche Leute tauchen in allen städtischen Quellen meist als »ruffian« in Übernahme des italienischen »ruffiano« auf. Ebenso wie das gleichfalls häufige »ribalde« kann es am einfachsten mit »schräger Vogel« übersetzt werden. Jeder wußte im Mittelalter, was mit der Beschimpfung gemeint war, jemand wäre »in Ribeldingen geboren«. Vielfach aber benennt »ruffian« den Zuhälter oder Kuppler. Die Erwähnung in der Konstanzer Steuerliste ist bezeichnenderweise durchgestrichen und durch »Lentzin« ersetzt, die – nur zwei Schilling steuernd – eine Dirne ist.

Unter jenen mit ihren Huren zusammenlebenden, als »Vogelhunde« beschimpften »rifianerbuben«, auch manchen »freiharten« und Spielleuten ist in aller Regel nicht die modernere Erscheinung des Zuhälters zu verstehen, wie er in der spezifischen Verbindung von Prostitution und Begleitkriminalität in den mittelalterlichen Weltstädten, in Paris und London, durchaus schon vorkommt. Die trickreiche Beraubung des Freiers etwa, die Lawrence Crosbiter in London zur Perfektion brachte, war als »crosbiting art« ein Begriff in der damaligen Unterwelt der Themsestadt. Der »ruffian« in den deutschen Städten jedoch lebt allen Indizien zufolge von Gaunereien, vielfach von Falschspiel, die er auf eigene Rechnung unternimmt, weswegen er nicht nur im engeren Sinne als Kuppler, sondern allgemein als Lotterbube gilt, dem man alle möglichen schlimmen Sachen nachsagt. Er lebt nicht wie ein Zuhälter von seiner Dirne, sondern er lebt mit ihr, die bei dem kargen Dirnenlohn nur ein Zubrot verdient, zusammen.[15]

Nicht das Zusammenarbeiten von Zuhälter und Dirne charakterisiert die mittelalterliche Prostitution; denn hauptsächlich werden wegen des »kuppelwerks« nicht Männer, sondern Frauen, meist arme, bisweilen auch der Zauberei verdächtige alte Weiber verschrieen. Als »fügerinnen, einheimerinnen, trüllerinnen, einstößerinnen« erscheinen sie in den Quellen, bilden bezeichnenderweise einen festen Typ in Schwankerzählungen. Die von ihnen gebrauchten Listen werden umfangreichen Erzählstoff geboten haben. Zum großen Ärger des Nürnberger Rates hatte 1345 die »ligend Elß« in Kirchen und auf Straßen »fremde Gäst« angesprochen »und gab dann für, sie wolt ihnen zubringen der Besten eine oder zwo von der Statt und bracht ihnen dann zu der Gemeinen Fräulein eins mit reichen Kleidern und gab ihr der besten Geschlecht Nahmen; und deß rühmeten sich dann die Gäst... an andern Stätten«. Mit ewiger Stadtverweisung wurde daraufhin die »lügende Else« bestraft.

Bestrafung von Kuppelei und gewerblicher Unzucht ist in mittelalterlichen Städten keineswegs an der Tagesordnung. Die Obrigkeit toleriert weitgehend die Zustände, ohne sie deshalb zu legalisieren, sie duldet die sogenannten »heimlichen weiber«, deren Namen doch, wie ein Straßburger Verzeichnis von 1469 lehrt, jedermann ebenso kennt wie die der Ruffiane und Fügerinnen in der Stampfgasse, in der Burggasse, im Finkenweilergäßchen und in der Schwanzgasse. Wenn der Nürnberger Rat 1319 auf einmal 34 »ruffiane« mit ihren Dirnen der Stadt verweist, so entspricht das keiner kontinuierlichen Praxis; so oft einzelne »ruffiani et lusores«, Falschspieler also, ausgewiesen werden, so handelte es sich um kriminelle Delikte, nicht um einen alle Kuppler in der Stadt treffenden Schlag. Einen vergleichbaren Fall wie im Jahre 1319 verzeichnet das Achtbuch nicht mehr. Wenn in diesem Achtbuch im August und September 1347 die befristeten Stadtverweisungen von vier »Aufmacherinnen« und einem Gastwirt wegen Kuppelei hintereinander eingetragen sind, so handelt es sich ebenfalls um einen einmaligen Vorgang, denn ansonsten finden sich nur zeitlich verstreute Einzelfälle. Hinter beiden Ausnahmen stehen Zufallsentscheidungen, wie sie für Kollegialgremien typisch sind, Ausbrüche des Mißmutes über die ansonsten hingenommenen Zustände. Energischer griffen die Obrigkeiten nur ein, wenn Ehemänner verkuppelt wurden und vor allem, wenn »Juden Christenweiber minneten«.

Es gibt viel Gelegenheitsprostitution in einer mittelalterlichen Stadt. Als 1469 der Straßburger Rat ein Verzeichnis aller stadtbekannten Dirnen anlegen läßt, finden sich auch 22 Frauen unter der Rubrik erwähnt: »dise wellen nit offen huren sein«. Es handelt sich dabei mehrheitlich um alleinstehende oder zu zweit gemeinsam wohnende Frauen, die möglicherweise wie in Paris durch Gelegenheitsprostitution ihren schmalen Lohn als Arbeiterinnen oder Dienstmädchen aufbessern. »heimliche frauen und töchter« nennt der Nürnberger Rat 1437 solche Dirnen, »die in der Stadt auf- und niedergehen«; sie erscheinen anderswo als »eckensteherinnen«, als die, die an verschwiegenen Stellen am Stadtrand »auf dem graben gehen«. In Kellerkneipen sind sie zu finden, aber auch in den öffentlichen Bädern – nicht umsonst fordert ein mittelalterliches Sprichwort: Badern und Huren muß man recht zahlen. In Basel waren besonders die Garküchen, wo sich Gelichter, »buben ohne messer und hosen«, einfand, Aufenthalt »heimlicher Frauen«, in Leipzig verbot der Rat 1467 den Weinschenken die Anstellung von Huren, um Streitigkeiten zwischen Handwerkern und Studenten vorzubeugen, und in Wien wurde schon 1403 Klage geführt, viele Wirte seien »sündeheger« und »sündemehrer«, weil sie Dirnen in ihren Wirtschaften hielten. Einem Nürnberger Chronisten entringt sich der Stoßseufzer über die aufkommende »unzüchtigkeit«: Alle Schenken, »alle tabern waren voll hudeln und buben, also daß kein underschaid mocht gehabt werden under dem gemeinen haus und wirtshaus«. Unter »gemeinem haus« versteht der Chronist das Bordell, das als »Frauenhaus« ein Spezifikum der spätmittelalterlichen Stadtkultur darstellt.

Die Prostituierte des frühen und hohen Mittelalters war die Wanderdirne, die »venus vulgivaga« des mittelalterlichen Studentenlateins, sie war oft Gauklerin oder Tänzerin zugleich. Vor solchen lockeren »tornatrices« warnen Geistliche wie Hinkmar von Reims die Kleriker, und auch in der jüngeren Edda werden Tänzerinnen, Leier- und Harfenmädchen als Huren verdächtigt. Unter die Scharen von Wallfahrern mischte sich allerhand Gesindel, mischten sich viele Dirnen. Auch im islamischen Kulturbereich ist Prostitution bei der Fahrt nach Mekka bezeugt, für die christliche Welt mag ein verbreitetes Sprichwort Hinweis genug sein: »Eine Pilgerfahrt macht nicht heilig«.

Die Wanderdirnen, die vor den Stadttoren, meist an Wegkreuzungen lagerten, durch die Lande zogen und auch Fürstenhöfe nicht ausließen, wie mancher Rechnungseintrag für »fahrende fräulein« belegt, gab es das ganze Mittelalter hindurch; sie gehörten dem fahrenden Volke an, begleiteten so oft Spielleute, daß diese geradezu als »hurewin«, als Kuppler, bezeichnet wurden, oder daß in Glossen »spilwip« mit »meretrix«, mit Hure, gleichgesetzt wurde. Das Augsburger Stadtrecht 1276 verpflichtet den Henker, er solle die »varnden freulein uz der stat triben, daz si tages und nachtes keine bosheit in der Stadt tun mit unkeusche«, nur ihre Verpflegung sollten sie in der Stadt kaufen dürfen. Zwei Generationen später aber sollte Augsburg über ein weitberühmtes städtisches Bordell, ein Frauenhaus, verfügen.

Die Entstehung städtischer Frauenhäuser ist auch Ausdruck sich entwickelnder urbaner Zivilisation, die mit dem Typ der Wanderdirne allein nicht mehr auskommen kann, ist Teil spätmittelalterlicher Stadtentwicklung. Das zeigt sich topographisch an der Lage der Frauenhäuser, die in aller Regel nicht im ältesten Stadtgebiet zu suchen sind, sondern im Bereich der spätmittelalterlichen Stadterweiterungen: in Bayreuth in der Spitalvorstadt, in Memmingen vor dem Kemptener Tor, in Kaufbeuren auf dem wenig bewohnten Buchleitenberg. Direkt an der Mauer der zumeist zweiten, spätmittelalterlichen Stadterweiterung lagen die Bordelle in Altenburg, Frankfurt am Main, München, Nürnberg, Passau, Dresden und Zwickau. Die topographische Bezeichnung »am Graben« oder »auf dem Graben« zeigt, wo in Eichstätt, Hall in Tirol, Winterthur und Zürich die Frauenhäuser liegen.

Erst im 15. Jahrhundert gelangt der Ausdruck Bordell aus dem Französischen über die rheinische Handelsstraße in die deutsche Sprache, kann aber die gebräuchlichste Bezeichnung Frauenhaus nicht verdrängen. Solche Häuser gab es nicht nur in jeder Groß- und Mittelstadt, sondern selbst in kleineren Marktflecken wie etwa in Franken zu Gerolzhofen, Volkach oder Iphofen. Obwohl solche Häuser mancherorts wie in Goslar, Braunschweig, Landshut oder München dem Henker unterstanden, waren sie doch keine infamierenden Orte. Es scheint eher, daß der Henker lediglich gewisse Gebühren bezog, die ihm der Rat einer Stadt als Teil seiner Besoldung von Häusern zuwies, die am Stadtrand in der Nähe seiner Behausung gelegen waren. Das Übliche wird im Laufe des Spätmittelalters die Unterstellung eines Bordells unter einen Frauenwirt, wie er schon 1293 in Basel bezeugt ist. Eine solche Unterstellung ist zugleich auch Indiz für eine Vergrößerung des Hauses, das nicht mehr, wie manchmal noch im 14. Jahrhundert als »der gemeinen frawen hüslein« bezeichnet werden kann. In Bamberg etwa hatte der »Lochhüter«, der Büttel im städtischen Gefängnis, auch die Aufsicht über das Bordell, bis dieses 1480 vergrößert und zugleich einem eigens bestallten »Frauenwirt« überantwortet wird.

Die Frauenwirte waren den Stadträten, seltener dem Stadtherrn verpflichtet, hatten ihnen einen Eid zu schwören. Vielerorts begnügt man sich damit, in diesen Eid alle Bestimmungen aufzunehmen, wie das Bordell nach dem Willen der Obrigkeit zu leiten wäre, in anderen, vor allem in größeren Städten aber erläßt der Rat eigene Frauenhausordnungen. Solche Ordnungen beginnen fast alle mit der verkappten Entschuldigung, daß die Kirche die Errichtung der Frauenhäuser gestatte, »um mehrerem übel zuvorzukommen«, so die Nördlinger Satzung, »um vermeidung willen merers übels in der cristenheit«, wie der Nürnberger Rat sagt. Dieser Auffassung hatte Augustin den Weg gebahnt, indem er Freudenhäuser als ebenso unumgänglich erklärte wie eine »cloaca in palatio«, eine Auffassung, die Thomas von Aquin ausführlicher begründete. Präzise wird ein Privileg der bayerischen Herzöge für das Münchener Frauenhaus 1433, man wolle viel Übel von Frauen und Jungfrauen abwenden. Die Errichtung eines solchen Hauses kann wie in Ansbach gegen Ende des 15. Jahrhunderts auch lapidar damit begründet werden, »weyl dergleichen in andern christlichen Städten auch geduldet wird«.

Fast durchwegs ist die Kanalisierung sexueller Bedürfnisse der meist indirekt erklärte Zweck der Frauenhäuser. Die ihnen von den Obrigkeiten auferlegten Ordnungen sind typische Produkte des spätmittelalterlichen Stadtregiments, bis ins Detail gehende Regelungen, deren Maximen der Erhalt des Friedens, das Ausschalten von Konfliktsmöglichkeiten und nicht zuletzt die Wohlfahrt der Stadt sind. Öffnungszeiten werden festgelegt: An Sonntagen, an Festen zu Ehren Mariens, in der Fastenzeit, zumindest aber in der Karwoche, und an den wichtigsten Heiligentagen ist der Besuch des Hauses untersagt. Vielerorts aber darf es an Werktagen sogar bis 23 Uhr geöffnet haben – eine Ausnahme von der ansonsten wegen der steten Feuersgefahr früher liegenden Polizeistunde. (Eine Übernachtung ist natürlich gestattet.) Ebenso wie die städtische Marktpolizei die Qualität der verkauften Produkte überprüfen läßt, wird von Hebammen die Gesundheit der Dirnen laufend kontrolliert; denn die Furcht vor Seuchen war schon vor Ausbruch der Syphilis allgegenwärtig. Hygiene wurde groß geschrieben, das wöchentliche Bad zur Pflicht gemacht. In Ulm hatten die »gemeinen Frauen« sogar eine eigene Badstube. Weiterhin durfte der Frauenwirt keinen Verkehr der »offenen Töchter« dulden, wenn diese »mit ihren weiblichen rechten beladen waren«; schwangere Frauen durfte er nicht im Hause dulden, mußte sie manchen Ordnungen zufolge aber weiterhin verpflegen. Nur Unverheiratete durften die Dirnen besuchen; Geistliche, Ehemänner und Juden sollten ausgeschlossen bleiben. Schwere Strafen aber bedrohten dabei allein die Juden, sie wurden meist auf Lebenszeit der Stadt verwiesen; ertappte Ehemänner belegte man mit vergleichsweise milden Geldstrafen, und die Anwesenheit von Geistlichen ist immer wieder bezeugt; sei es, daß sie wie in Hof 1505 durch eine Schlägerei aktenkundig werden, sei es, daß der Nördlinger Rat sich 1472 über ihre Anwesenheit in den Abendstunden, die doch für die Bürger reserviert sein sollten, entrüstet. (Bestraft wurden solche Kleriker natürlich nicht von der städtischen Obrigkeit, sondern von dem Geistlichen Gericht, das niedersächsischen Usancen zufolge recht milde verfuhr: 16 Schilling Buße kostete hier 1519 ein Bordellbesuch, die Verwicklung in eine Rauferei kam dem Geistlichen mit 22 Schilling teurer zu stehen, und fast doppelt soviel, 30 Schilling, hatte er für einen Ehebruch zu zahlen.[16])

Für die unverheirateten Knechte und Gesellen, die aus ökonomischen Gründen keine Ehe eingehen konnten (und denen dann in der frühen Neuzeit oft direkt die Eheschließung verboten werden sollte), waren vor allem die Frauenhäuser gedacht. Auf diesen Zusammenhang weisen Nürnberger Juristen hin, als 1562 das Frauenhaus in der Reichsstadt geschlossen werden sollte: »do mancher Handwerksmann, und nicht der wenigsten Teil aus ihnen, an Gesellen sechs oder acht in der Werkstadt hat, do auch teglich viel fremdes gesindt von Reitern und anderen hirher kummen, wann sich nun dieselben ihrer bösen Lust aus Mangel des gemeinen Hauses nicht entschütten können«, würde es »viel mehr Unrat geben«. (Die Theologen aber setzten sich gegen dieses Argument durch: Gottes Gebot sei höher zu achten als Vernunft »in politicis«.)

Die ansonsten den Lebenswandel ihrer Mitglieder strengen Ehrbegriffen unterwerfenden Gesellengilden sind noch im 15. Jahrhundert, was den Umgang mit »gemeinen Frauen« angeht, sehr tolerant.[17] Man fordert nur die gebotene »maze«. Die Basler Messerschmiedegesellen bestrafen zum Beispiel nur den, der täglich im Frauenhaus liege, die Schmiedegesellen in Riga nur den, der an heiligen Tagen die »schönen Fräulein« besuche. Zu den Gelagen und Tänzen der Bruderschaft aber, so wird häufig bestimmt, sollten keine Dirnen eingeladen werden. Tatsächlich war der Besuch des Frauenhauses für Knechte und Gesellen so selbstverständlich, daß 1523 der Basler Rat fürchtete, diese könnten die Stadt verrufen, wenn das Bordell abgeschafft würde.

Auffallend häufig kam es in Frauenhäusern der Universitätsstädte zu Handgreiflichkeiten zwischen Studenten und anderen Besuchern, wohl nicht zuletzt deswegen, weil die akademischen Privilegien alle

Studenten schützten, ob sie nun arme Schlucker, den fahrenden Schülern vergleichbar, oder Söhne aus reichem Hause waren. Eine Schlägerei im Heidelberger Frauenhaus 1422, in deren Verlauf ein Student einem Bogenschützen die Hand abgehauen hatte, führte zur Gruppenrache pfalzgräflicher Marstaller gegen Studenten und Universitätsangehörige. Es nutzte nicht viel, wenn akademische Statuten rechtzeitige abendliche Rückkehr in Bursen und Kollegien vorschrieben. Immer wieder gerieten wie 1472 in Leipzig bewaffnete Studenten mit anderen Besuchern der gemeinen Frauen ins Handgemenge.

Daß reisende Kaufleute zum Kundenkreis der »Hübscherinnen« gehörten, zeigt sich etwa daran, daß zur Frankfurter Messe Dirnen aus dem weiteren Umkreis in großer Zahl in die Stadt am Main kamen, zeigt die Sorge des Nördlinger Rates, zur Annehmlichkeit der Messebesucher auch genügend schöne Frauen heranzuziehen, zeigt auch das denunziatorische Gedicht des Johannes Haselbergk »Von den welschen Purpeln«: »Ir kaufleut reist weit durch die landt, mit schönen frewlin wol bekannt«.

Das städtische Frauenhaus ist fast schon als sozial integrative Begegnungsstätte zu verstehen, wo hoch und niedrig verkehrten. Denn daß auch Fürsten die Dirnen zu schätzen wußten, munkelte man allenthalben. 1471 liefen vor den Fürsten, die zum Reichstag nach Regensburg, zum sogenannten »Großen Christentag«, einritten, frecherweise die Freiharte und riefen: »Hie kommen die hochgeborn fursten und herrn, die sechen essen und trinken gern, sie gen huren und buben gnug, das ist unser und aller freiheiten fug«. Zu jener Zeit wußte man etwa von einem pfälzischen Wittelsbacher, dem Straßburger Bischof Ruprecht: »Er ließ viel geld bei den huren«. Markgraf Joachim von Brandenburg wird als »großer hurentrecker« bezeichnet.

Trotz seiner Lage am Stadtrand ist das Frauenhaus ein geselliger Treffpunkt, wo auch hohe Herren sich einfinden konnten. Wenn ein Nördlinger Chronist beiläufig notiert, »do sassen dy herrn beim wyn im frauenhaus im gässle«, so unterstellte er ebensowenig sexuelle Absichten wie 1431 die Ulmer Bevölkerung, als Kaiser Sigmund das Frauenhaus besuchte und der Rat ihm den Weg von seiner Herberge beleuchten ließ. Im Frauenhaus konnte man sich auch harmlos amüsieren, es war ein Ort, wo man – wie Geiler von Kaysersberg mißmutig bemerkt – »leckerei treibt und spilt«, hier herrschen keine Zwänge wie in den Rats- und Zunfttrinkstuben mit ihrem abgeschlossenen Besucherkreis und ihrer gravitätischen Atmosphäre, hier geht es auch nicht so laut und lärmend zu wie in den Weinkneipen und Kellerwirtschaften, dies ist auch nicht ein normales Wirtshaus, das in erster Linie Herberge und Speisegaststätte ist. Das Frauenhaus ist kein Hurenwinkel, hier kann man sich zwanglos treffen, hier ist der Wirt verpflichtet, bei Glücks- und Brettspielen »kein falsch spil« zu dulden. Die obrigkeitliche Aufsicht garantierte eine Korrektheit, die in verschwiegenen Winkelkneipen, wo Ruffiane mit falschen Würfeln umgingen, nicht zu erwarten war. Der Frauenwirt und seine Knechte mußten um ihren Leumund besorgt sein, weswegen 1481 der Konstanzer Frauenwirt seinem Knecht das Zeugnis ausstellt, sich immer ehrlich gehalten zu haben.

Über die Innenausstattung der Frauenhäuser ist wenig zu erfahren. Ein aufwendiger Prunk, wie er in dem mit luxuriösen Bädern ausgestatteten Bordell in Montpellier zu finden war, ist in Deutschland nicht üblich gewesen. Doch lassen die wenigen erhaltenen Nachrichten darauf schließen, daß der Komfort in diesen Häusern höher lag als in den normalen Behausungen. Wenn 1455 im tirolischen Hall, einer von zahlreichen Salinenarbeitern und -knechten geprägten Stadt, 2000 Ziegel für den Bau des Frauenhauses gekauft, wenn Maler zum Verzieren der Fensterrahmen und Tischler bezahlt werden, so entsteht hier kein einfaches, bestenfalls mit Holzschindeln gedecktes Fachwerkhaus, wo ein von Weiden zusammengehaltenes Lehmgeschmier die Zwischenräume des Holzbaues ausfüllt, kein Haus mit schmuckloser Fassade und karger Inneneinrichtung; eigene Tische gibt es hier, wofür in den normalen Wohnstuben immer noch auf Böcke gestellte Bretter, die Tafel, die aufgehoben werden kann, dienen müssen. Wenn das Frankfurter Frauenhaus sechs Zimmer und neben einem großen 19 kleinere Glasfenster besitzt, so ist das fast schon ein Luxus, der bei den meist nur mit Holzladen verschließbaren Maueröffnungen der normalen Wohnungen nicht zu finden war. Wenn in Pachtverträgen ein Frauenwirt wie in Würzburg verpflichtet wird, bei seinem Fortgang die neun Betten der Stadt wieder zu erstatten, wenn in Winterthur der Wirt ein vom Spital gestelltes Bett »in Ehren halten und auf keinen Weg verändern, versetzen noch verkaufen soll«, so sind das keine normalen Lagerstätten mit ihren häufig nur strohgefüllten Matratzen und Decken aus grobem Leinen. Während in den meisten Häusern nur eine Stube beheizbar war, sorgten die Stadtväter in Altenburg schon fast verschwenderisch für das Frauenhaus, wenn hier nach der Stadtrechnung 1437/38 gleich fünf Kachelöfen neu gesetzt werden.

Selten dürfte ein Frauenhaus mehr als zehn Insassinnen beherbergt haben. Erst anfangs des 16. Jahrhunderts schreibt der Ulmer Rat dem Frauenwirt vor, mindestens 14 Hübscherinnen zu halten. In größeren Städten gab es gleich mehrere solcher Häuser, die sich wohl auch nach Qualität und Kundenkreis unterschieden; denn in Basel und Konstanz lag ein Freudenhaus (ebenso wie in Schwabach) in der Nähe des Pulverturms, am äußersten Stadtrand also, in einer wenig bebauten, übel beleumdeten Gegend. (Als in Basel 1526 der Pulverturm explodierte, flog auch das Bordell in die Luft.) In Straßburg wie in Hamburg gab es mehrere Bordellgassen.

Nur selten werden die Insassinnen des Frauenhauses als Huren bezeichnet, und Dirne hat im Mittelalter noch keinen abwertenden Nebensinn. »Gemeine Frauen« oder »gemeine Töchter« ist der gebräuchlichste Ausdruck, worauf sich der Nürnberger Rat beruft, als er den »gemeinen weibern« feste Partnerschaftsverhältnisse, sogenannte »liebe Männer« verbietet, denn sie sollten ihrem Namen entsprechend der Allgemeinheit zur Verfügung stehen. Fromme Gemüter, denen die Huren als »des teufels jagdhunde« erschienen, belegten diese Frauen zwar mit abwertenden Adjektiven (»berüchtigt, üppig, unehrlich, wild«), aber es überwiegen doch die neutralen Bezeichnungen in den Quellen: »arme, freie, offene (= offenbare), schwache Frauen«, oder gar positive Benennungen wie »Hübscherin«, wie, sehr häufig, »schöne« oder »hübsche Töchter«; hinter manchen selteneren Bezeichnungen schimmert sogar etwas von Zuneigung auf: »liebe Frauen« oder »kabeberle« (»Hürlein«).

Da das Frauenhaus ein städtischer Regiebetrieb war, konnte der Dirnenlohn eingeklagt werden; er war damals sprichwörtlich gering. Luxusdirnen kannte natürlich auch das Mittelalter:[18] Als 1252 die Hure Adelheid von Thermannskirchen durch eine Predigt Bertholds von Regensburg erschüttert als reuige Sünderin in das Kloster der Regensburger Magdalenerinnen eintrat, konnte von ihrem eingebrachten Besitz die Klosterkirche errichtet werden; eine Hamburger Hübscherin hinterließ 1467 das stattliche Vermögen von 155 lübischen Mark und ein namentlich nicht bekanntes schönes Fräulein aus Donauwörth muß so attraktiv gewesen sein, daß 1513 der kaiserliche Sekretär Cyprian Sernteiner dem Würzburger Domherrn Peter von Aufseß für eine Gefälligkeit entweder »ain fayste pfarren« verspricht oder – was ein Äquivalent dargestellt haben muß – ihm das »madlen von werdt schicken oder aber, wo ihr herkumen solt, herberg bei ihr« verschaffen wolle. Doch das alles waren Ausnahmen, wie schon die häufige Bezeichnung »arme fräulein« für die Dirnen verrät.

Armut zwang zum Dirnenleben. Als um 1225 der Kanoniker Rudolf von Hildesheim die Huren schlagen wollte, die an der Straßengabelung vor dem Wormser Stadttor saßen, riefen diese ihm zu: »Herr, wir sind arm und haben keinen anderen Lebensunterhalt. Gebt uns nur Wasser und Brot und wir werden in allem Euren Willen erfüllen«. Das Mittelalter erkannte die Realität in der weitverbreiteten Nikolaus-Legende wieder, wo von einem Ritter erzählt wird, der »gar arm an dem gute« war; »der hatte drei dochtere, iuncfrowen«, die er »um leiblicher nahrung« willen »in die offene sünde der welte« geben wollte. Wenn ausgangs des 15. Jahrhunderts der Dominikaner Felix Fabri behauptet, vielen armen Mädchen bleibe gar nichts anderes übrig, als entweder in ein Kloster oder in ein Freudenhaus zu gehen, so hatte das durchaus einen Wirklichkeitsbezug.

Daß nicht Sittenlosigkeit, sondern Armut zur Prostitution führte, wußte man im Mittelalter. Deswegen erklärte Innozenz III. es 1198 für ein verdienstliches Werk, eine Dirne zu heiraten, um ihr damit aus dem sündigen Leben zu helfen. Als päpstliche Dekretale wurde diese Auffassung allgemein verbreitet und durch Kommentatoren des Kirchenrechts untermauert, so daß 1562 protestantische Theologen in Nürnberg in Harnisch gerieten: »Ja vielmehr sagen die geistlichen Recht, welcher eins solches sündliches Weib aus dem Haus zur Ehe nähm, der tät ein größeren Gottesdienst, dann der weiß nit was tät.« Im Wissen darum, daß nur durch Heirat eine Dirne die Möglichkeit hatte, mit ihrem Lebenswandel zu brechen, entstanden im Spätmittelalter Stiftungen wie in Halle »für fromme gesellen«, die aus Liebe Gottes »eine arme sünderin zur ehe nehmen«. In Wien gründeten 1384 drei Bürger ein Haus zur Aufnahme von »armen freien frauen, die sich vom offenen sündigen unleben zu ... pezzerung begeben wellen«. Herzog Albrecht III. privilegierte dieses Haus und bestimmte, daß niemand an seiner Ehre und Zunftrecht schaden nehmen solle, wenn er eine der Insassinen heirate. (Aber all solche Stiftungen konnten nicht die Nachfolge des Magdalenerinnenordens antreten, der Reuerinnenklöster, die aus dem gleichen Grundgedanken seit 1227 allenthalben in Deutschland zur Aufnahme bußfertiger armer Dirnen gestiftet worden waren, aber schon bis zum Ende des 13. Jahrhunderts unter Aufgabe ihres Gründungszweckes sich den Augustinerinnen, Dominikanerinnen oder Clarissen angeschlossen hatten.)

Das arme Mädchen kam im Frauenhaus nicht aus seiner materiellen Notlage heraus. Die zahlreichen städtischen Kleiderordnungen verleiten leicht zu falschen Vorstellungen, wenn sie untersagen, »daß die gemeinen und andern unehrlichen weiber seiden, gold, silber und ander zierlich kleider tragen«, wenn sie den Dirnen immer wieder Schmuck und kostbare Accessoires verbieten. Kleider und Schmuck waren – oft auf Kredit des Frauenwirts gekauft – der einzige Besitz eines schönen Fräuleins, unerläßlich zur Kundenwerbung. Die obrigkeitlichen Ordnungen der Frauenhäuser sind durchwegs bemüht, die materielle Abhängigkeit der »gemeinen Töchter« vom Frauenwirt zu mildern, sie schreiben ihm vielfach vor, wie er die Frauen zu verköstigen habe und wieviel diese ihm zahlen sollen (was oft bis zu einem Drittel des Liebeslohns gehen kann). Es wird das Übliche gewesen sein, wenn nach Basler Steuerlisten ein solcher Wirt mit 150 fl Vermögen veranschlagt wird, die sechs Insassinnen seines Hauses jedoch garnichts oder höchstens 10 fl versteuern. Die obrigkeitlichen Ordnungen für die »offenen Häuser« gehen davon aus, daß die Dirnen beim Wirt verschuldet sind. Deshalb läßt 1523 der Konstanzer Rat den Frauenwirt geloben, auf verschuldete Huren keinen Zwang auszuüben, »iren leib ... ihnen allweg frei« zu lassen. Weil bekannt war, daß die Schulden eine Frau nicht aus dem »gemeinen Hause« kommen ließen, entstanden Stiftungen zum Beispiel eines Dr. Konrad Kunhofer in Nürnberg oder eines Dr. Peter Rinck in Köln, um jene »schönen Töchter«, die ein ehrbares Leben führen wollten, bei ihren Wirten auslösen zu können.

Bei dem Bemühen, die Abhängigkeit der Huren vom Frauenwirt zu mildern, werden bisweilen Zustände offenbar, die zunächst kaum erklärbar scheinen. So bestimmt die Nürnberger Ordnung, kein Wirt dürfe ein »weibsbild, das vormals in dem gemeinen leben oder heusern ... nit gewesen were, ... kaufen, verpfenden oder darauf leihen«. Eine solche Bestimmung würde man eher in italienischen Seestädten der Zeit vermuten, wo Sklavinnen, die ein Handelsgut mit der arabischen Welt bildeten, häufig als Dirnen gehalten wurden.[19] Aber auch ohne den Namen der Sklaverei muß in deutschen Frauenhäusern Mädchenhandel nichts Ungewöhnliches gewesen sein, denn gleiche Bestimmungen wie die Nürnberger enthalten auch die Ulmer und die Konstanzer Ordnungen. In Speyer wollte 1486 ein Baderknecht seine Freundin für einige Tage ins Frauenhaus vermieten, wofür er anfangs 4 und dann 2 fl verlangte. Solche und schlimmere Fälle müssen der

Straßburger Ordnung des Jahres 1500 zufolge häufiger vorgekommen sein, wonach »leichtfertige knechte zum dickern mole frowen und döchtere us andern landen ... in die frowenhüser versetzet und verkouft« haben, und diese dann »wider iren willen in süntlichem wesen behalten und verhutet werden, das sie nit davon kommen mögent«.

Wie eine Abhängigkeit, die bis zum Verkaufen eines Menschen geht, entstehen kann, schildern die Lebenserinnerungen des Thomas Platter (1507–1582). Er war seinen Eltern als blutjunger Knabe einem fahrenden Schüler »in die Lehre« gegeben worden, der ihn bei seinen Wanderfahrten wie einen Leibeigenen zum Betteln, ja sogar zum Stehlen abrichtete. Blutjung, noch ohne Fähigkeit sich zu wehren, kamen auch oft die Dirnen ins Frauenhaus. So wurde 1423 im Braunschweiger »Roten Kloster« »eyn wyff, de hed Kruseke Dos, un is by elven jaren« erschlagen.[20] Die Bezeichnung »wyff« stellt klar, daß es sich nicht um ein junges Dienstmädchen, sondern um eine Dirne gehandelt haben muß, einen Menschen ohne schützende Verwandtschaft; denn der Rat mußte, nachdem kein Kläger wegen des Mordes auftrat, diese Aufgabe übernehmen.

Allenthalben legten die Stadtväter Wert darauf, daß ins Frauenhaus keine Bürgertöchter aufgenommen wurden. So heißen etwa in Leipzig Dirnen »Hedwig die Schlesierin« oder »Grete die Fränkin«. Obwohl diese Frauen aus der Fremde kamen, waren sie stadtbekannt, man wußte zum Beispiel in Leipzig, wer das »klein Enchen«, die ausgiebig den Schminktopf benutzende »gemalte Anna« oder »die fette Hedwig« war, es reichte zur Identifizierung aus, wenn 1442 im Berliner Stadtbuch »Else med den langen tytten« eingetragen wurde. Die Bekanntheit dieser Dirnen rührte auch ganz harmlos daher, daß sie in der Kirche ihren festen Platz – natürlich weder Bank noch Stuhl – hatten, wo sie jeder sehen konnte. So wird in Konstanz der Frauenwirt verpflichtet, er solle an Sonn- und Feiertagen seine schönen Frauen »zu kirchen gen lassen in das Münster an ihrem gewöhnlichen ort, da sie vormals gestanden sind«. Unwahrscheinlich ist, daß die Dirnen verschämt, wie Ausgestoßene, in einem Winkel abseits von der Gemeinde einem Gottesdienst nur beiwohnen konnten; denn unbefangen nahmen die Mitmenschen ihre Existenz hin, sie stigmatisierten sie nicht mit dem Makel der Unehrlichkeit, behandelten sie nicht wie Parias.

Daß Dirnen als selbstverständlicher Teil urbaner Kultur angesehen wurden, zeigt sich etwa daran, daß in Frankfurt die Hübscherinnen als einzige Frauen in das festliche Zeremoniell bei offiziellen Anlässen, bei Besuchen von Fürsten und bei feierlichen Ratsessen einbezogen wurden, daß in Nürnberg bei den festlichen Tänzen, die dem anwesenden Kaiser zu Ehren ausgerichtet wurden, auch die schönen Frauen aus dem Freudenhaus teilnahmen, daß zum Wiener Johannisfest die blumenbekränzt erscheinenden Dirnen auf Stadtkosten bewirtet wurden. Niemand dachte Ehrenrühriges, wenn in Zürich nach Sigmund von Herberstein »der brauch was, dass der burgermeister, gerichtsdiener und gemeine weiber mit dem gesandten assen«.

Auch das Spätmittelalter hatte, wie uns zeitgenössische medizinische Traktate belehren, kein entspanntes Verhältnis zur Sexualität; es besaß aber ein entspanntes Verhältnis zur Sünde. Zu sündigen war menschlich. Von einem Freiburger Nachtwächter war allgemein bekannt, daß er seinen Rundgang immer für einen Besuch im Frauenhaus unterbrach, und wenn man in Konstanz einen Wächter wegen des gleichen Verhaltens bestrafte, so nahm man es nicht mit der Sittlichkeit, sondern nur mit der Wachpflicht ernster. Ungerührt vermerkt ein ehrbarer Straßburger Bürger, der die Abgaben des Frauenhauses einzunehmen hatte: »hab a gebickt, thut 30 pfennig«.

Entspanntes Verhältnis zur Sünde: jedermann kannte die Legende von der heiligen Maria Magdalena, die als reuige Sünderin an die stets mögliche Bekehrung aus einem verworfenen Leben erinnerte. Nach der Legende, die aus drei Frauengestalten des Neuen Testamentes eine Heilige machte, hatte Maria Magdalena bei ihrer Bekehrung ein dreißigjähriges wüstes Leben hinter sich. Die Popularität dieser Heiligen läßt sie zu einer Lieblingsfigur spätmittelalterlicher Osterspiele werden.

Und doch: Wie generell bei mentalitätsgeschichtlichen Fragestellungen ist auch bei dem Problem der Akzeptierung von Frauenhäusern mit widersprechenden Tendenzen zu rechnen. Mancherorts sind die Kleiderordnungen nicht nur bestrebt, den Dirnen aufwendige Kleidung und Schmuck zu untersagen, sondern darüber hinaus noch bedacht, sie durch bestimmte Kleidung zu diffamieren. Solche Bemühungen, die etwa in Paris die schönen Frauen aus der Gesellschaft ausgrenzen sollten, gab es in Basel, Zürich und Hannover. Das infamierende Gelb, das im Mittelalter bereits den Juden stigmatisieren sollte, mußten mancherorts auch die Dirnen anlegen: Eine gelbe Verbrämung der Kleidung war ihnen in Frankfurt vorgeschrieben, ein gelbes Fähnchen mußten sie nach dem Meraner Stadtrecht an den Schuhen tragen und ein großes gelbes Tuch sollten nach einem Ratsbeschluß

1473 die »wilden Frauen« in Leipzig an ihren Kleidern anbringen. Was hier an Diffamierung begegnet, sollte nicht überschätzt werden. Es waren Haltungen der Obrigkeit, die teilweise auch einen Entschuldigungscharakter enthielten, Haltungen, die innerhalb der spätmittelalterlichen Frauenhauskultur zu den Ausnahmen zu zählen sind, ganz abgesehen davon, daß solche Kleiderordnungen selten die Zeit des ersten Aufsehens überstanden und von den Historikern ernster genommen werden als von den Zeitgenossen.

Weder aus spätmittelalterlichem Denken heraus, noch als Folge der Syphilis ist die spätmittelalterliche Frauenhauskultur untergegangen. Wenn etwa um die Mitte des 16. Jahrhunderts, als die Syphilis schon zwei Generationen gewütet hatte, fast überall in Deutschland die Frauenhäuser geschlossen werden (Beispiele: 1544 in den fränkischen Fürstentümern der Zollern, 1547 in Leipzig, 1560 in Frankfurt, 1562 in Nürnberg, 1569 in Pommern, um 1570 in Schwäbisch-Hall, 1573 in Bamberg), so ist das eine Folge der Reformation und, worin sich die konfessionellen Lager einig waren, einer neuen Auffassung von der Verantwortung christlicher Obrigkeit: Diese hat für ein Gott wohlgefälliges Leben ihrer Untertanen zu sorgen, ein Fürst sündigt, so stellte noch 1679 Ahasver Fritsch in Übereinstimmung mit früheren Ansichten fest, wenn er Freudenhäuser zuläßt.

Die Auflösung der Frauenhäuser im 16. Jahrhundert ist mehr als ein kulturhistorisches Detail, sie ist vielmehr Indiz für einen gesellschaftlichen Wandlungsprozeß. Erst jetzt, seit dem 16. Jahrhundert, beginnen sich in den Städten die sozialen Gruppen stärker voneinander abzuheben. Jetzt erst gewinnt die Unehrlichkeit ihren starren Ausschließungscharakter.

Sittenstrenge – die Gott wohlgefällige Stadt –, das hat sicherlich mittelalterliche Wurzeln, aber der Gedanke des auch sozial reinigenden Charakters der Buße – zu denken ist an den wallfahrenden Henker, an die Dirne, die ins ehrbare Leben zurückkehren kann, wenn man ihr dabei hilft – ist verloren gegangen.

Das Frauenhaus war ein geselliger Ort, in dem hohe Herren und Knechte gleichermaßen verkehren konnten. Wir können es hier nicht ausbreiten, sondern nur mit dem Verweis auf Thomas Platters Autobiographie andeuten, daß noch um 1500 die sozialen Unterschiede den Verkehr zwischen den Menschen weniger trennten als späterhin, daß etwa der hergelaufene fahrende Schüler Thomas Platter zu Breslau von einem Fugger angesprochen wird, der ihn in sein Haus nehmen will, daß umgekehrt aber auch Nürnberger Patriziersöhne in der Fremde nicht besser als die Knechte des Hausherrn gehalten werden. Eine Welt, die Dirnen zum zeremoniellen, zum offiziellen Fest heranzieht, hat ein gelasseneres Verhältnis nicht nur zur Sünde, sondern auch zum Mitmenschen, als eine Welt, in der Frauenhäuser verboten und Dirnen diskriminiert werden.

Anmerkungen

1 Bernhard Kirchgässner, Probleme quantitativer Erfassung städtischer Unterschichten im Spätmittelalter, in: Erich Maschke/Jürgen Sydow (Hg.), Gesellschaftliche Unterschichten in den südwestdeutschen Städten, Sigmaringen 1967, S. 75ff. – Beispiele überzeugender Schichtungsanalysen: Gerd Wunder, Die Bürger von Hall. Sozialgeschichte einer Reichsstadt 1216–1802, Sigmaringen 1980; Rolf Kießling, Bürgerliche Gesellschaft und Kirche in Augsburg im Spätmittelalter, Augsburg 1971.

2 Die Chroniken der deutschen Städte vom 14. bis in 16. Jahrhundert. Bd. I–III, X, XI: Die Chroniken der fränkischen Städte. Nürnberg. Bde. 1–5, bearb. von Carl Hegel, Leipzig 1862–1874 (Neudruck Göttingen 1961), hier Bd. 5, S. 634f.

3 Erich Maschke/Jürgen Sydow (Hg.), Stadterweiterung und Vorstadt, Sigmaringen 1969; Dies. (Hg.), Die Stadt am Fluß, Sigmaringen 1978; Ernst Piper, Der Stadtplan als Grundriß der Gesellschaft. Topographie und Sozialstruktur in Augsburg und Florenz um 1500, Frankfurt a. M. 1982.

4 Erich Maschke, Die Unterschichten der mittelalterlichen Städte Deutschlands, in: Maschke/Sydow, Gesellschaftliche Unterschichten, S. 1ff., S. 20ff.; Ahasver von Brandt, Die gesellschaftliche Struktur des spätmittelalterlichen Nürnberg, in: Klaus Friedland/Rolf Sprandel (Hg.), Lübeck, Hanse, Nordeuropa. Gedächtnisschrift für Ahasver von Brand, Köln/Wien 1979, S. 230.

5 Die Erforschung sozialer Randgruppen kann sich in Deutschland noch nicht auf grundlegende Werke stützen. Erste Synthesen der verstreuten Einzelstudien boten unter zusammenfassenden Aspekten Maschke, Unterschichten, und, besonders in methodischer Hinsicht wichtig, František Graus, Randgruppen der städtischen Gesellschaft im Spätmittelalter, in: Zeitschrift für Historische Forschung 8 (1981), S. 355ff. – Nach wie vor steht die Forschung vor dem die Alltagsforschung generell begleitenden Zwang, in den Quellen meist eher zufällig erhaltene, verstreute Nachrichten zusammentragen zu müssen. Das hieße im folgenden, fast jeden zweiten Satz belegen zu müssen. Um aber den Anmerkungsapparat nicht allzusehr

auszudehnen, begnügen wir uns unter Verweis auf eine demnächst, 1986, abgeschlossene, mit allen Belegen versehene Monographie zu diesem Thema mit summarischen Anmerkungen und verweisen nur auf entlegenere Quellen, sofern sie über die Angaben im Text nicht zu ermitteln sind.

6 Eine Geschichte des mittelalterlichen Verbrechens steht noch aus. Wir stützen uns im folgenden auf das Material städtischer Achtbücher: Buff, Verbrechen und Verbrecher zu Augsburg in der zweiten Hälfte des 14. Jahrhunderts, in: Zeitschrift des Historischen Vereins für Schwaben und Neuburg, Bd. 4 (1878), Heft 3, S. 160ff. (mit Teiledition eines Achtbuches); Werner Schultheiß (Bearb.), Die Acht-, Verbots- und Fehdebücher Nürnbergs von 1285–1400, Nürnberg 1960. Die aus diesen beiden Veröffentlichungen übernommenen Angaben werden im folgenden nicht mehr eigens nachgewiesen, da sie sich über die im Text vermerkten Jahreszahlen mühelos ermitteln lassen. – Vgl. weiterhin: Paul Frauenstädt, Das Gaunertum des deutschen Mittelalters, in: Zeitschrift für Strafrechtswissenschaft 18 (1898), S. 331ff.; ders., Breslaus Strafrechtspflege im 14. bis 16. Jahrhundert, in: ebd. 10 (1890), S. 1ff., S. 229ff.; Theodor Hampe, Die Nürnberger Malefizbücher als Quellen der reichsstädtischen Sittengeschichte vom 14. bis zum 18. Jahrhundert, Nürnberg 1927.

7 Adalbert Erler, Das Recht der verstoßenen Tochter auf Aussteuer nach einem Urteil vom Jahre 1473, in: Das Recht der kleinen Leute. Festschrift für Karl-Sigismund Kramer, Berlin 1976, S. 28. Der folgende Fall nach: Paul Sander, Die reichsstädtische Haushaltung Nürnbergs. 2 Bde, Leipzig 1902, Bd. 2, S. 663.

8 Zusammenstellung der einschlägigen Quellen und Literatur bei Leo Zehnder, Volkskundliches in der älteren schweizerischen Chronistik, Basel 1967, S. 387–389.

9 Chroniken... Nürnberg, Bd. 4, S. 313.

10 Das Buch Weinsberg, hg. v. Konstantin Höhlbaum, Leipzig 1886, Bd. 1, S. 43.

11 Am zugänglichsten bei Friedrich Christian Benedict Avé-Lallemant, Das deutsche Gaunertum. 4 Teile, Leipzig 1858–1862 (Neudruck Wiesbaden o. J.), Teil 1, S. 159ff. – Das daneben im folgenden immer herangezogene sog. Basler Ratsmandat: Wilhelm Vischer (Hg.), Basler Chroniken Bd. 3, Leipzig 1887, S. 556ff.

12 Buff, Verbrechen, S. 201.

13 James Buchanan Given, Society and Homicide in 13th Century England, Stanford (Calif.), 1977. Vgl. auch Barbara A. Hanawalt, Crime and Conflict in English Communities 1300–1348, Cambridge (Mass.)/London 1979.

14 Diese und die späteren Angaben zur Konstanzer »Unterwelt« beruhen auf eigenen Archivrecherchen vor allem in den Rats- und Strafbüchern des Konstanzer Stadtarchivs.

15 Zur Geschichte der mittelalterlichen Prostitution ist immer noch als imponierende Materialsammlung grundlegend das leider häufig übersehene Werk von Iwan Bloch, Die Prostitution, Bd. 1 (Handbuch der gesamten Sexualwissenschaft Bd. 1), Berlin 1912. Daneben wurden für das Folgende häufiger herangezogen: Gustav Wustmann, Frauenhäuser und freie Frauen in Leipzig im Mittelalter, in: Archiv für Kulturgeschichte 5 (1907), S. 469ff.; Carl Jäger, Ulms Verfassung, bürgerliches und commercielles Leben im Mittelalter, Stuttgart/Heilbronn 1831, S. 544ff.; Daniel Albert Fechter, Topographie mit Berücksichtigung der Cultur- und Sittengeschichte, in: Basel im vierzehnten Jahrhundert, Basel 1856, S. 1ff.; Joseph Baader (Hg.) Nürnberger Polizeiverordnungen aus dem XIII. bis XV. Jahrhundert, Stuttgart 1861, S. 117ff. [Den Hinweis auf die Gutachten zur Abschaffung des Nürnberger Frauenhauses 1562 (Staatsarchiv Nürnberg, B-Laden, S I L 177 Nr. 15–18) verdanke ich Dr. Claus Kappl.]

16 Paul Tschackert, Die Rechnungsbücher des erzbischöflich mainzischen Kommissars Johann Bruns aus den Jahren 1519–1531, in: Zeitschrift für Kirchengeschichte 21 (1901), S. 340.

17 Wilfried Reininghaus, Die Entstehung der Gesellengilden im Spätmittelalter, Wiesbaden 1981, S. 99f. und 220.

18 Die folgenden drei Beispiele nach: Norbert Backmund, Die kleineren Orden in Bayern, Würzburg 1974, S. 75; Maschke, Unterschichten, S. 50; Staatsarchiv Würzburg, Hist. Saal VII 451b.

19 Reinhard Elze, Über die Sklaverei im christlichen Teil des Mittelmeerraums (12.–15. Jh.), in: Hans Mommsen/Winfried Schulze (Hg.), Vom Elend der Handarbeit. Probleme historischer Unterschichtenforschung, Stuttgart 1981, S. 132.

20 Hilmar von Strombeck, Leibzeichen und das rothe Kloster in Braunschweig, in: Zeitschrift des Historischen Vereins für Niedersachsen, 1860, S. 185.

Nachwort

In den letzten Jahren hat sich unser Interesse an der Geschichte gewandelt. Gegenüber der rein politischen Geschichte oder der Verfassungsgeschichte trat das Interesse am Alltagsleben in den Vordergrund. Lebensformen der Vergangenheit werden jedoch erst im Rahmen der spezifischen Geistigkeit einer jeweiligen Epoche voll verständlich. Die Mentalitätsgeschichte versucht, entsprechenden Wechselwirkungen nachzugehen, und vermag inzwischen für das Selbstverständnis vieler Epochen ein neues Bild zu zeichnen. Ergebnisse der Forschung zu unterschiedlichen gesellschaftlichen Gruppen vorzustellen, war das Ziel einer Vortragsreihe, die im Winter 1984/85 in Braunschweig veranstaltet wurde und hier nun gedruckt vorgelegt wird. Die Vorträge wurden im Rahmen der Vorbereitung einer Niedersächsischen Landesausstellung »Stadt im Wandel. Kunst und Kultur des Bürgertums in Norddeutschland 1150–1650« gehalten. Auch diese Ausstellung – 1985 in Braunschweig durchgeführt – beabsichtigt, veränderte Anschauungsweisen von mittelalterlicher und frühneuzeitlicher Kultur darzustellen. Im Spannungsfeld zwischen scheinbar reiner Geschichte und den Werken großer Kunst – zwischen Abstraktion und Anschauung also – erweist sich ein Kulturbegriff, der von den materiellen Grundlagen und der Realität des Selbstverständnisses früherer Epochen ausgeht, nicht nur als Mittler zwischen Kunst und Geschichte, sondern als Ausgangsbasis, geschichtlich geprägtes Leben der Vergangenheit erst richtig zu verstehen.

Cord Meckseper

Die Autoren

Werner Goez, geboren 1929, Studium der Geschichte, Kunstgeschichte, Literatur- und Musikwissenschaft in Frankfurt am Main, 1954 Promotion, 1960 Habilitation, seit 1969 Professor für mittelalterliche Geschichte und historische Hilfswissenschaften an der Universität Erlangen-Nürnberg. *Veröffentlichungen:* Translatio Imperii, ein Beitrag zur Geschichte des Geschichtsdenkens und der politischen Theorien im Mittelalter und in der frühen Neuzeit (1958); Der Leihezwang, eine Untersuchung zur Geschichte des deutschen Lehnrechts (1962); Von Pavia nach Rom, ein historischer Reiseführer entlang der mittelalterlichen Kaiserstraße (1972, ^{4}1976); Gestalten des Hochmittelalters (1983); Grundzüge der Geschichte Italiens in Mittelalter und Renaissance (1972, ^{2}1984); zahlreiche Aufsätze zur italienischen und deutschen Geschichte.

Franz Irsigler, geboren 1941, Studium der Geschichte und Soziologie in München und Saarbrücken, 1968 Promotion in Saarbrücken, 1974 Habilitation in Bonn, 1974–1977 Wiss. Rat u. Professor in Bielefeld, seit 1977 Professor für Geschichtliche Landeskunde an der Universität Trier. *Veröffentlichungen:* Untersuchungen zur Geschichte des frühfränkischen Adels (1969, ^{2}1981); Getreideumsatz, Getreide- und Brotpreise in Köln 1368–1797, 2 Bde. (1976/77, mit Dietrich Ebeling); Die wirtschaftliche Stellung der Stadt Köln im 14. und 15. Jahrhundert (1979); Bettler und Gaukler, Dirnen und Henker: Randgruppen und Außenseiter in Köln 1300–1600 (1984, mit Arnold Lassotta). Herausgeber: Geschichtlicher Atlas der Rheinlande, Hansische Geschichtsblätter, Trierer Historische Forschungen, Siedlungsforschung: Archäologie – Geschichte – Geographie. Aufsätze zur Verfassungs-, Wirtschafts- und Sozialgeschichte, rheinischen Landesgeschichte und quantitativen Geschichtsforschung.

Juliane Kümmell, geboren 1951, Studium der Geschichte und Romanistik in Konstanz und Freiburg i. Br., 1980 Promotion; 1980–1982 Forschungsstipendium der DFG bei Georges Duby, Collège de France in Paris; Arbeitsprojekt bei Jacques Le Goff, Ecole des Hautes Etudes en Sciences Sociales in Paris; 1983–1985 Archivreferendariat; 1985 Erschließung vorderösterreichischer Archivalien für die Landesarchivdirektion Baden-Württemberg und die Generaldirektion der Staatlichen Archive Bayerns. *Veröffentlichungen:* Bäuerliche Gesellschaft und städtische Herrschaft im Spätmittelalter. Zum Verhältnis von Stadt und Land im Fall Basel/Waldenburg 1300–1535 (1983, ^{2}1984), Aufsätze zur neueren französischen Mediävistik, zur mittelalterlichen Sozialgeschichte und zur mittelalterlichen Mentalitätsgeschichte, bes. Geschichtsschreibung und Erinnerung; ferner Übersetzungen von Arbeiten Jacques Le Goffs und Jean Faviers.

Ernst Schubert, geboren 1941, Studium der Geschichte, Germanistik, Geographie und Sozialkunde in Würzburg, 1967 Promotion in Würzburg, 1974 Habilitation in Erlangen, seit 1980 Professor für mittelalterliche Geschichte an der Universität Konstanz. *Veröffentlichungen:* Die Landstände des Hochstifts Würzburg (1967); König und Reich. Studien zur spätmittelalterlichen deutschen Verfassungsgeschichte (1979); Arme Leute, Bettler und Gauner im Franken des 18. Jahrhunderts (1983). Aufsätze zur frühmittelalterlichen Grundherrschaft, zur spätmittelalterlichen Reichsgeschichte, zur Universitätsgeschichte und zur Landesgeschichte.

Heide Wunder, geboren 1939, Studium der Geschichte, Anglistik und Philosophie in Hamburg, 1964 Promotion, seit 1977 Professorin für Sozial- und Verfassungsgeschichte der Frühen Neuzeit an der Gesamthochschule Kassel (Universität des Landes Hessen). *Veröffentlichungen:* Siedlungs- und Bevölkerungsgeschichte der Komturei Christburg (13.–16. Jh.) (1968); Feudalismus (Hrsg.; 1974); Aufsätze zum Deutschen Bauernkrieg, zu bäuerlichem Widerstand in der Frühen Neuzeit, zur ländlichen Gesellschaft in der Frühen Neuzeit, zu Hexenprozessen und zur Geschichte der Frauen.